CADERNOS DE PROCESSO DO TRABALHO
N. 28

Dedico este Caderno
ao Armando Casimiro Costa Filho, *in memoriam*.

Manoel Antonio Teixeira Filho

Advogado — Juiz aposentado do TRT da 9ª Região – Fundador da Escola da Associação dos Magistrados do Trabalho do Paraná — Professor Emérito do Centro Universitário de Curitiba-Unicuritiba – Professor na Escola da Magistratura do Trabalho do Paraná — Membro do *Instituto Latinoamericano de Derecho del Trabajo y de la Seguridad Social* — do Instituto de Direito Social do Brasil — da *Société Internacionale de Droit du Travail et de la Sécurité Sociale* — do Instituto dos Advogados do Paraná — da Academia Nacional de Direito do Trabalho — da Academia Paranaense de Letras Jurídicas – do Instituto dos Advogados de São Paulo.

CADERNOS DE PROCESSO DO TRABALHO N. 28

EXECUÇÃO

PARTE GERAL II

De acordo com a Lei n. 13.467/2017 ('Reforma Trabalhista')

LTr®

EDITORA LTDA.

Rua Jaguaribe, 571
CEP 01224-003
São Paulo, SP — Brasil
Fone (11) 2167-1101
www.ltr.com.br
Junho, 2019

Produção Gráfica e Editoração Eletrônica: PIETRA DIAGRAMAÇÃO
Projeto de capa: FABIO GIGLIO
Impressão: FORMA CERTA

Versão impressa — LTr 6028.8 — ISBN 978-85-301-0011-7
Versão digital — LTr 9563.1 — ISBN 978-85-301-0034-6

Dados Internacionais de Catalogação na Publicação (CIP)

(Câmara Brasileira do Livro, SP, Brasil)

Teixeira Filho, Manoel Antonio

Cadernos de processo do trabalho n. 28: execução: parte geral II: de acordo com a Lei n. 13.467/2017 ('reforma trabalhista') / Manoel Antonio Teixeira Filho. – São Paulo: LTr, 2019.

Bibliografia.

ISBN 978-85-301-0011-7

1. Direito processual do trabalho 2. Direito processual do trabalho – Brasil 3. Execução (Direito) I. Título.

19-26158 CDU-347.9:331(81)

Índice para catálogo sistemático:

1. Brasil: Direito processual do trabalho 347.9:331(81)

Cibele Maria Dias – Bibliotecária – CRB-8/9427

SUMÁRIO

CAPÍTULO VIII

LEGITIMIDADE

1. Legitimação ativa

De ordinário, no processo do trabalho encontra-se legalmente legitimado para promover a execução baseada em título judicial o credor, ou seja, aquele que, tendo figurado como autor no processo de conhecimento, porta, agora, um título judicial exequível. A partir dessa afirmação, podemos mesmo construir a regra segundo a qual, por princípio, há uma coincidência física entre o autor (no processo de conhecimento) e o credor (no processo de execução), motivo por que a única diversidade possível de aí existir é quanto à nomenclatura. Trata-se, essencialmente, contudo, da mesma pessoa.

Nem sempre, contudo, a emissão do título executivo será precedida de um processo de conhecimento. Assim dizemos porque a execução forçada poderá fundar-se em título extrajudicial, como ocorre em relação ao *termo de conciliação* e ao *termo de ajustamento de conduta,* de que fala o art. 876 da CLT.

O art. 878, *caput,* da CLT, atribuía a "qualquer interessado" legitimidade para promover a execução. Essa legitimidade também era cometida ao próprio juiz e ao Ministério Público do Trabalho. Com a nova redação dada a esse dispositivo pela Lei n. 13.467/2017, passaram a ter legitimidade: a) as partes; b) o juiz ou o Presidente do Tribunal, desde que as partes não estejam representadas por advogado.

Essa nova redação dada ao art. 878, da CLT, em rigor, não excluiu a possibilidade de outras pessoas promoverem, na qualidade de *sucessoras* do devedor, a execução. Tais pessoas estão mencionadas no art. 778, § 1.º, do CPC, de aplicação subsidiária ao processo do trabalho. Vejamos quais são elas.

1.1. O Ministério Público

O parágrafo único do art. 878, da CLT – que atribuía competência ao Ministério Público do Trabalho para promover a execução – foi revogado pela Lei n. 13.467/2017.

Em decorrência desse fato, algumas observações se impõem.

Em primeiro lugar, o Ministério Público apenas terá legitimidade para promover a execução das decisões proferidas pelo Tribunal Regional em matéria de sua competência *originária*, pois, regra geral, a execução se processa em primeiro grau de jurisdição (CLT, art. 877); mesmo assim, há casos em que, apesar de a decisão ter sido tirada pelo Tribunal, em matéria de sua competência originária, a execução é promovida perante órgão de primeiro grau, como acontece, *v. g.*, com os acórdãos normativos. Em segundo, a competência do *Parquet* para dar início à execução não vai além multas impostas pelas autoridades administrativas e judiciárias do trabalho.

Tratando-se, no entanto, de ação civil pública (Lei n. 7.347, de 24-7-1985), o Ministério Público do Trabalho estará legitimado para promover a execução da sentença se o autor não o fizer no prazo de sessenta dias após o trânsito em julgado (art. 15).

Se a ação civil pública foi ajuizada pelo próprio Ministério Público do Trabalho (CF, art. 129, II; Lei Complementar n. 75, de 20 de maio de 1993, art. 83, III), este, por mais forte razão, possuirá legitimidade para promover a execução da sentença.

1.2. Espólio, herdeiros ou sucessores

Falecendo o empregado, o seu espólio, os seus herdeiros ou os seus sucessores poderão iniciar a execução ou nela prosseguir, conquanto não figurem no título exequendo (sentença, acórdão ou acordo inadimplido). O direito de exigir o cumprimento da obrigação não se extingue, portanto, com a morte do seu titular; tanto isso é certo que a lei outorga legitimidade para que outras pessoas possam agir em juízo, em nome do credor, com esse objetivo (CPC, art. 778, II). O requisito fundamental é o de que, em virtude da morte do credor, seja transmitido ao espólio, aos herdeiros ou aos sucessores o direito proveniente do título executivo.

Essa alteração subjetiva da ação de execução é medida necessária para que o conteúdo obrigacional do título seja integralmente satisfeito pelo devedor. O espólio será, aqui, representado pelo inventariante (CPC, art. 75, VII).

Dentre os casos — infrequentes, como dissemos — de modificação subjetiva da lide executiva, aliás, a presença do espólio é a menos escassa; afinal, sendo a morte a única certeza da vida, teria sido no mínimo insensato o legislador se não concedesse ao espólio, aos herdeiros ou sucessores do credor legitimidade ativa para atuarem no processo de execução.

Deles exigir-se-á, como é elementar, unicamente a prova dessa qualidade.

Sobrevindo a morte do credor, o juiz — desde que o fato tenha chegado ao seu conhecimento — determinará a suspensão da execução (CPC, art. 921, I), até que se formalize a habilitação do espólio, dos herdeiros ou dos sucessores, conforme seja a hipótese. Essa habilitação incidente é realizada de maneira extremamente simples, na execução trabalhista, adotando-se como diretriz legal a Lei n. 6.858, de 24 de novembro de 1980, segundo a qual os valores devidos pelos empregadores aos empregados e não recebidos em vida pelos respectivos titulares, "serão pagos em quotas iguais, aos dependentes habilitados perante a Previdência Social " (art. 1.º, *caput*).

Caso se entenda que as disposições da Lei n. 6.858/1980 sejam aplicáveis, apenas, aos valores referentes ao FGTS, a habilitação será realizada na forma dos arts. 687 a 692, do CPC. Sendo assim, deverão ser juntadas aos autos a certidão de óbito do *de cujus* e a certidão de que o habilitante foi incluído, sem qualquer oposição, no inventário. Essa habilitação, despida de solenidades, independe de sentença, sendo, pois, admitida mediante simples despacho. O fato de a lei dispensar o proferimento de sentença não significa que o promovente da habilitação fique até mesmo eximido de *requerê-la*. A petição, nesse sentido, deverá, antes de mais nada, comunicar ao juiz a morte do credor, sem prejuízo da comprovação desse fato e da qualidade do habilitante.

Andou certo o legislador ao tratar, separadamente — embora no mesmo inciso —, o espólio, os herdeiros e os sucessores, pois no primeiro caso a herança ainda está *indivisa*, ao passo que nos dois últimos já foi partilhada.

Dessemelhança há, também, entre herdeiros e sucessores: enquanto os primeiros são sucessores *causa mortis*, por força de lei ou de disposição testamentária, os segundos podem suceder *causa mortis*, universal (herdeiro) ou singular (legatário), ou por ato *inter vivos*, em geral a título singular.

Verificamos, dessa forma, que todo herdeiro é, automaticamente, sucessor, a despeito de nem todo sucessor ser herdeiro.

Proceder-se-á, também, à habilitação nos autos da execução (que, no processo do trabalho, são os mesmos do processo de conhecimento, nos quais se contém o título sentencial exequendo, exceto no caso do art. 625-E, parágrafo único, da CLT) se, em outra causa, sentença passada em julgado houver atribuído ao habilitante a qualidade de herdeiro ou sucessor. Além disso, prescindirá de sentença a habilitação sempre que, oferecidos os pertinentes artigos, a parte (devedor) reconhecer a "procedência" do pedido e não houver oposição de terceiro (inc. V).

1.3. Cessionários

O instituto jurídico da cessão de créditos está disciplinado pelos arts. 286 a 298, se do CC.

Impende, contudo, verificar se o processo trabalhista admite que a pretensão executiva seja exercida pelo cessionário, como se dá no processo civil — aqui por expressa previsão legal (art. 778, III).

Anotemos, antes, que o processo comum restringe a possibilidade de alteração subjetiva ativa à hipótese de cessão de direitos por ato *inter vivos*, considerando-a, por isso, um contrato entre as partes (cedente e cessionário), que manterá a sua eficácia mesmo depois da morte do primeiro.

Entendemos que, por princípio, nada impede ao empregado ceder a terceiro o seu crédito reconhecido por sentença transitada em julgado (ou que foi objeto de sentença homologatória), fazendo com que o cessionário fique legitimado a promover a execução ou nela prosseguir, conforme seja o momento em que a cessão ocorreu. É certo que se poderia objetar com o argumento de que, a prevalecer nossa opinião, restaria escoriada a competência constitucional da Justiça do Trabalho, pois no caso essa Justiça estaria apreciando um litígio entre quem não é empregado (cessionário) e o devedor (empregador). O argumento é, sem dúvida, ponderável; redargua-se, entretanto, em caráter proléptico, que a presença do cessionário, na execução, não elimina a pessoa do cedente-credor, sabendo-se que aquele figurará no processo em nome do substituído.

Sem embargo, malgrado o cessionário possua legitimidade para promover a execução, ou nela prosseguir, inexiste, quanto a ele, qualquer obrigação de *assumir* o lugar do cedente-credor; a espécie traduz, apenas, uma *faculdade* que lhe defere a lei. Caso o cessionário não deseje valer-se dessa faculdade, passará a atuar na execução como *substituto processual* do credor, de quem irá realizar a defesa do direito por força dessa legitimação *ad processum*. Com vistas a isso, deverá habilitar-se nos autos, mediante petição, fazendo desde logo prova da sua qualidade, assim como se exige do herdeiro ou do sucessor.

De qualquer forma, é conveniente observar que, na ação de embargos de terceiro, o embargante, de modo geral, não é parte na relação processual, vale dizer, não é trabalhador nem empregador — mas, a despeito disso, doutrina e jurisprudência concluíram, com acerto, pela competência da Justiça do Trabalho para apreciar esse tipo de ação incidental.

Para que a cessão de crédito, efetuada pelo empregador-credor, tenha eficácia jurídica em relação ao devedor, este deverá ser cientificado, exceto se, por instrumento público ou particular, já houver manifestado ciência da cessão realizada (CC, art. 290).

A menos que haja estipulação em contrário, o cedente não responde pela solvência do devedor (CC, art. 296).

Em suma, embora a cessão de crédito possa ser admitida no processo de execução trabalhista, as disposições integrantes dos arts. 286 a 298 do CC, nas quais a matéria está regulada, devem ser amoldadas, adequadas ao procedimento trabalhista, a fim de que sejam respeitados os princípios medulares que o informam. É de lei, todavia, que a cessão de crédito deve estar em consonância com a natureza da obrigação, com a própria lei, ou com a convenção estabelecida com o devedor (CC, art. 286).

1.4. Sub-rogados

A doutrina civilista aponta a existência de duas modalidades de sub-rogação: a) real; e b) pessoal, segundo se trate de substituição de coisas ou de pessoas, respectivamente.

No processo do trabalho, a única sub-rogação possível é a de pessoas; é desta, aliás, que se ocupa o Código Civil brasileiro, nos arts. 346 a 351.

Com apoio em Clóvis Beviláqua, podemos dizer que a sub-rogação constitui a transferência dos direitos do credor àquela pessoa que liquidou a obrigação, ou emprestou o suficiente para solvê-la ("Comentários ao Código Civil", 4/144); e acrescentamos: contanto que tenha existido condição expressa de o mutuante ficar sub-rogado nos direitos do credor satisfeito (CC, art. 347, II).

Nada obstante os institutos da cessão de crédito e da sub-rogação apresentem certas similitudes, a diferença nuclear está em que, no primeiro, o ato é praticado *pelo credor* (trabalhador, no plano do direito material do trabalho), que transfere o seu crédito a terceiro, enquanto, no segundo, o ato é realizado *por terceiro* e consiste no pagamento ao credor, ou no empréstimo ao devedor, de quantia bastante à plena satisfação do crédito.

Os pontos de contato entre esses institutos localizam-se na particularidade de tanto o cessionário quanto o sub-rogado não estarem obrigados a ingressar na execução, ou a promovê-la, podendo, por isso, o credor-cessionário ou sub-rogatário continuar na qualidade de substituto processual.

A sub-rogação pode ser legal ou convencional; lá, como parece claro, promana de norma legal (CC, art. 346); aqui, de ajuste das partes (art. 347).

O próprio diploma civil esclarece que, no caso de sub-rogação convencional (ou seja, quando o terceiro empresta ao devedor a quantia de que necessita para cumprir a obrigação etc.), "vigorará o disposto quanto à cessão do crédito" (art. 348), sobre o que estivemos a discorrer no item anterior (b).

Eventual alegação de que a sub-rogação tornaria incompetente a Justiça do Trabalho para processar a execução fica rechaçada pelos mesmos argumentos expostos na oportunidade do exame da cessão de crédito.

De resto, a doutrina processual trabalhista parece não se opor à admissibilidade da cessão de crédito e da sub-rogação (*Antônio Lamarca*, "Processo do Trabalho Comentado", São Paulo, RT, 1982, pág. 465; *Coqueijo Costa*, obra cit., pág. 546; *Wagner Giglio*, obra cit., pág. 398), observada sempre a necessidade de adequar as normas do direito comum, regentes da matéria, às marcantes singularidades desse processo especializado e do correspondente procedimento

1.5. O devedor

O Código de Processo Civil de 1973, por meio de preceito que reputávamos compatível com o processo do trabalho, permitia que o próprio devedor promovesse a execução, bastando requerer ao juiz que mandasse citar o credor a comparecer a juízo para receber o que lhe era devido (CPC, art. 570); nessa hipótese, o devedor assumia no processo posição idêntica à do exequente (*ibidem*) e não do credor.

Em que pese ao fato de esse dispositivo do CPC haver sido revogado pela Lei n. 11.232/2005 (de tal modo que, naquele processo, o devedor deixou de poder dar início à execução), nada mudou no plano do processo do trabalho, pois aqui, como vimos, a execução pode ser promovida *pelas partes* (CLT, art. 872). O devedor, como se revela óbvio, é *parte*.

Embora possa parecer estranha essa faculdade concedida ao devedor, ela se destina a evitar que eventual inércia do credor faça com que atuem contra o devedor, com maior intensidade, os efeitos inerentes à sentença condenatória passada em julgado, como, *v. g.*, a incidência da correção monetária, dos juros da mora etc. Anota, ainda, Alcides de Mendonça Lima que o interesse do devedor em tomar a iniciativa da execução pode estar também relacionado à circunstância de, encontrando-se ainda em curso uma execução, isso impedi-lo de realizar certos negócios que exijam certidão negativa forense; de tal arte, ele terá interesse concreto em ver processada, o quanto antes, a execução em que figura como o sujeito passivo ("Comentários ao Código de Processo Civil", 3.ª ed., Rio: Forense, 1979, vol. VI, tomo I, pág. 177).

Deixemos nitidamente registrada a nossa opinião, no particular: o processo do trabalho admite que o devedor, como parte que é, tome a iniciativa da execução (CLT, art. 878) e apresente, quando for o caso, artigos de liquidação; repugna a este processo especializado, no entanto, a possibilidade de o credor-exequente ser considerado revel e confesso quando deixar de manifestar-se a propósito desses artigos.

Caso o credor-executado não aceite o valor oferecido pelo devedor-exequente, pensamos que a sua recusa não poderá ser manifestada por intermédio de *embargos*, não apenas porque estes constituem instrumento específico para a defesa do *devedor*, como o credor não encontraria em nenhum dos motivos previstos nos arts. 884, § 1.º, da CLT e 525, § 1.º, do CPC, apoio à sua insurgência. Como o credor, nessa hipótese, não poderia ficar coarctado em seu direito de resposta, parece-nos que a solução seria adotar-se — conquanto de maneira algo canhestra — o procedimento traçado para a ação de consignação em pagamento, que melhor se ajusta à situação em pauta.

Poderia, contudo, o devedor, invocando o art. 520, do CPC, requerer a execução provisória da sentença, pendente de recurso por ele interposto (e admitido no efeito apenas "devolutivo")? Cremos que não. Ao permitir a execução provisória da sentença, o legislador tinha em conta, exclusivamente, o *interesse do credor*, daí por que lhe colocou ao alcance essa providência destinada a antecipar a realização de certos atos executivos (liquidação, decisão de liquidação, penhora e avaliação dos bens). Posto em relevo esse pressuposto do legislador, seria nimiamente desarrazoado consentir que o devedor promovesse a execução provisória da sentença por ele próprio impugnada pela via recursal; faltaria à sua pretensão, sem dúvida, a base lógica que justifica tal iniciativa pelo credor. De certo modo, essa atitude do devedor revela-se contraditória e inconciliável com a anterior, consistente na interposição de recurso da sentença, que agora aceita como título executivo. De outra parte, como sopesa José Frederico Marques, não é concebível que o credor tenha de assumir os riscos inerentes a essa forma de execução; ademais, "a demora que o recurso possa trazer é de culpa exclusiva do devedor que o interpôs" ("Instituições", vol. V, pág. 177, n. 166).

Ainda que o devedor venha a argumentar com a intenção de liberar-se da correção monetária e dos juros da mora, não se deverá atender ao seu requerimento de execução provisória, pois mesmo assim subsiste o antagonismo com a sua conduta anterior traduzida no exercício de uma pretensão recursal que está a render ensejo à incidência da correção monetária e da contagem dos juros. O Direito não pode ser convertido em serviçal de interesses meramente caprichosos da parte; se o devedor deseja, efetivamente, ver-se a salvo das consequências que o levaram a pedir a execução provisória, que desista do recurso interposto (CPC, art. 998), ou satisfaça a obrigação que dá conteúdo ao título executivo.

1.6. O juiz

O art. 878, *caput*, da CLT, permitia que a execução fosse iniciada por impulso judicial *ex officio*, em qualquer circunstância. Repousava nessa *faculdade* do juiz uma das mais acentuadas singularidades do processo do trabalho.

No plano da realidade prática, aliás, preponderavam as execuções principiadas de ofício pelo magistrado, a demonstrar que a referida norma legal não era daquelas simplesmente programáticas, se não que vinha sendo aplicada, dia a dia, com absolutos resultados positivos. Ponderávamos, todavia, que se a liquidação devesse processar-se mediante artigos ficava afastada a possibilidade de o juiz agir de ofício, na medida em que incumbia unicamente à parte oferecê-los. O mesmo se poderia dizer da liquidação por arbitramento, na qual a incoação do credor (ou do devedor) era imprescindível. Essas nossas considerações conduziam à regra conclusiva de que, em rigor, o juiz do trabalho só encontrava condições de promover, *ex officio*, a execução quando: a) não houvesse necessidade de liquidação; b) havendo, esta devesse ser processada sob a forma de cálculos. Estávamos cogitando, como é óbvio, de execução por quantia certa (contra devedor solvente).

Iterando o que dissemos em linhas anteriores, pareceu a determinado segmento da doutrina que o impulso judicial de ofício, facultado pelo art. 878, *caput*, da CLT, teria sido sensivelmente reduzido pela Lei n. 5.584/70, cujo art. 4.º estabelece que, "Nos dissídios de alçada exclusiva das Juntas e naqueles em que os empregados ou empregadores reclamarem pessoalmente, o processo poderá ser impulsionado de ofício pelo juiz". Nada mais inexato. O art. 878 da CLT, por ser norma dirigida *especificamente* à execução, não poderia ser — segundo a melhor técnica hermenêutica — ab-rogada por preceito genérico, como é o caso do art. 4.º da Lei n. 5.584/70; havia de tirar-se, pois, a inferência de que esta última norma legal limitava o impulso judicial *ex officio*, quando muito, no processo de conhecimento. Além disso, o que a Lei de 1970 procurou fazer foi nada mais do que *realçar* a faculdade de o juiz agir por sua iniciativa nas ações de alçada privativa dos órgãos de primeiro grau e naquelas em que as partes se encontravam no exercício do *ius postulandi*, que lhes concede a lei (CLT, art. 791, *caput*), embora entendêssemos que esta norma ordinária teria sido revogada pelo art. 133 da atual Constituição. Embora o art. 1.º, inciso I, da Lei n. 8.906, de 4 de julho de 1994 ("Estatuto da Advocacia"), haja consagrado essa nossa interpretação, o Supremo Tribunal Federal, por força da ADI n. 1.127-8-DF, proposta pela Associação dos Magistrados Brasileiros, sendo relator o Min. Paulo Brossard, concedeu medida liminar suspensiva da eficácia do referido dispositivo legal, no que diz respeito aos Juizados Especiais, à Justiça do Trabalho e à Justiça de Paz (DJU de 14-10-1994, seção I, p. 27596).

Tempos depois, a Lei n. 13.467/2017 dá nova redação ao caput do art. 878, da CLT, para declarar que o juiz somente poderá tomar a iniciativa da execução quando as partes não estiverem representadas por advogado, ou seja, no exercício do *ius postulandi*. Particularmente, não vemos razão para essa alteração legislativa. A possibilidade de o juiz do trabalho dar início à execução contribuía, sobremaneira, com a celeridade processual – e, a par disso, conforme dissemos, constituía uma nota característica do processo do trabalho, velha de mais de setenta anos. Sob certo aspecto e considerando essa antiga tradição, o legislador de 2017 impôs uma espécie de *capitis deminutio* ao juiz do trabalho.

A Lei n. 13.467/2017 ainda suprimiu o parágrafo único do art. 878, da CLT, que atribuía legitimidade ao Ministério Público do Trabalho para promover a execução de decisão proferida por Tribunal Regional do Trabalho.

Quando a norma processual trabalhista (CLT, art. 878) atribui ao juiz o poder-faculdade de promover à execução, não se deve pensar que essa faculdade judicial se esgota no ato de *dar início* a esse processo, se não que se estende ao conjunto dos atos integrantes do procedimento executivo — exceto se, em dado momento, a atuação da parte for indispensável. Cuide o magistrado, todavia, de manter uma posição o quanto possível neutral, pois o impulso de ofício, com que o contempla a lei, não deve servir de causa ao abandono a esse ontológico dever de imparcialidade.

Afinal, há sempre aquela indelével linha mediana de bom senso, pela qual todos devemos orientar-nos na prática dos atos da vida e da qual não nos devemos afastar, principalmente, o juiz, ainda que — como tantas vezes gizamos — na execução a preeminência jurídica seja do credor, em cujo interesse, por isso mesmo, esse processo se desenvolve.

Em enumeração que não pretende ser exaustiva, indicaremos, a seguir, alguns casos em que o juiz poderá praticar, por sua iniciativa e com absoluta normalidade, atos impulsionantes da execução:

a) ordenar a intimação de testemunha que deixou de comparecer à audiência (CLT, art. 825, parágrafo único) de instrução dos artigos de liquidação ou dos embargos oferecidos pelo devedor ou por terceiro;

b) determinar o comparecimento das partes a juízo (CPC, art. 772, I);

c) advertir o devedor de que o seu procedimento constitui ato atentatório à dignidade da justiça (CPC, art. 772, II);

d) fazer com que a penhora obedeça à ordem preferencial, estabelecida em lei (CPC, art. 835; CLT, art. 882);

e) suspender a execução, quando se verificarem, em concreto, quaisquer das hipóteses previstas no art. 40 da Lei n. 6.830/80.

Não pode o juiz, contudo, por ato espontâneo:

a) elaborar, pessoalmente, os artigos de liquidação ou mesmo os cálculos, *porquanto* a prática de tais atos incumbe, com exclusividade, às partes;

b) promover a execução *provisória* da sentença, pois isso poderia, em alguns casos, não ser do interesse do credor; ademais, o art. 513, § 1.º, do CPC, contém declaração inequívoca de que o cumprimento provisório da sentença (da execução de título judicial, no processo do trabalho) será feita "a requerimento do exequente", ou seja (ainda, no processo do trabalho), do credor.

1.7. O advogado

Outrora, uma das raras situações em que o advogado promovia a execução de honorários ocorria quando a sentença condenava o réu a pagar ao autor os honorários assistenciais previsto no art. 14 e seguintes, da Lei n. 5.584, de 26.6.1970.

É curioso observar que, na prática, o advogado atuava como autêntico substituto processual da entidade sindical, no que tange à execução dos mencionados honorários, pois não recebe dela, em geral, procuração para isso. Efetivamente, o que havia nos autos, em regra, era procuração outorgada pelo empregado (autor) ao advogado, que, a poder desse instrumento, agia como mandatário do titular dos direitos postulados em juízo. Vindo a sentença condenatória a incluir, também, os honorários — que por força de lei são devidos ao sindicato —, e deixando o réu de satisfazê-los, era sido praxe o advogado promover não só a execução das quantias devidas ao autor, mas dos próprios honorários — sem que, neste último caso, possuísse procuração outorgada pelo titular do direito. Em rigor, portanto, o advogado deveria receber duas procurações: uma do autor e outra da entidade sindical, esta especificamente destinada a dotá-lo de poderes para promover a execução na parte relativa aos honorários em tela.

Anos mais tarde, a Lei n. 13.467/2017 insere na CLT o art. 791-A, para incorporar o princípio civilista da sucumbência. Em razão disso, a contar da vigência dessa norma legal, o advogado passou a ter direito a honorários, mesmo atuando em causa própria, a serem cálculos entre o mínimo de 5% e o máximo de 15% sobre o valor que for apurado na liquidação, sobre o proveito econômico obtido, ou se não for possível mensurá-lo, sobre o valor atualizado da causa.

O art. 791-A estabelece, no § 2.º, os critérios para a fixação dos horários de sucumbência. O § 5.º, do mesmo preceptivo legal, declara que os honorários advocatícios são devidos também na reconvenção.

O art. 85, § 14, do CPC, por sua vez, afirma que os honorários constituem direito do advogado e possuem natureza alimentar, com os mesmos privilégios dos créditos oriundos da legislação do trabalho. O mesmo parágrafo veda, ainda a compensação dos honorários no caso de sucumbência parcial – regra que também consta do § 3.º, do art. 791-A, da CLT.

2. Legitimação passiva

Dispõe o art. 779, do CPC, que a execução pode ser promovida contra: I — o devedor, reconhecido como tal no título executivo; II — o espólio, os herdeiros ou os sucessores do devedor; III — o novo devedor que assumiu, com o consentimento do credor, a obrigação resultante do título executivo; IV — o fiador do débito constante em título extrajudicial; V — o responsável titular do bem vinculado por garantia real ao pagamento do débito; VI — o responsável tributário, assim definido em lei.

2.1. O devedor

Entende-se como devedor a pessoa legalmente legitimada a responder à execução. Dessa forma, o problema relativo à legitimação passiva contém, implícita, a necessidade de se definir contra quem a execução deve ser realizada.

Conquanto o empregador possa ser pessoa física, ele se apresenta, comumente, sob a forma de pessoa jurídica (o art. 2.º da CLT, em técnica imperfeita, alude à "empresa, individual ou coletiva", como se a pessoa *natural* não pudesse ser empregadora); salvo exceções que rareiam, é esse mesmo empregador quem, tendo sido parte no processo de conhecimento (réu), será, na fase de execução, chamado a adimplir a obrigação contida no título exequendo. Em um sentido geral, pois, a legitimação para o processo de execução corresponde àquela que existiu no de conhecimento: o empregador, vencido no todo ou em parte na ação cognitiva, em que figurou como réu, passa, agora, ao estado de sujeito passivo dos atos executórios, que serão praticados com a finalidade de subjugá-lo ao comando sancionatório que se irradia do título executivo. É evidente que estas nossas considerações dizem respeito à execução de título *judicial*. Tratando-se de execução de título *extrajudicial*, não se há que cogitar de processo cognitivo anterior, pois o título executivo, neste caso, até por definição, forma-se fora do âmbito do Poder Judiciário, como se dá com o *termo de conciliação*, de que falam os arts. 625-E, parágrafo único, e 876, *caput,* da CLT, ou com o *termo de ajuste de conduta,* previsto neste último dispositivo legal.

Essa unicidade de legitimação, tratando-se de execução de título extrajudicial, ocorre, por igual, no processo civil, tanto que o art. 779, I, daquele diploma indica, dentre os diversos sujeitos passivos, "o devedor, reconhecido como tal no título executivo". Se bem que a doutrina civilista aplauda o acerto do CPC de 1973, consistente em haver abandonado a referência ao "vencido" (como sujeito passivo da execução), existente no Código de 1939 (porquanto a execução regulada pelo processo civil deixou de fundar-se, unicamente, em título sentencial para lastrear-se também em título extrajudicial). No processo do trabalho, pôde-se, inicialmente, manter a antiga denominação de *vencido,* pois, não havendo aqui, na época, lugar para a execução estribada em título *extrajudicial,* o devedor seria sempre aquele que, no entrechoque de interesses submetidos à cognição jurisdicional, ficasse *vencido,* vale dizer, não tivesse a sua pretensão acolhida pela sentença, devendo, em razão disso, suportar as consequências desse insucesso. Todavia, com a inserção do art. 625-E, parágrafo único, e com a nova redação do art. 876, *caput,* ambos da CLT, devemos reconhecer que também no processo do trabalho já não se pode falar, de maneira genérica, e sob o rigor da técnica, em "vencido", para identificar o sujeito passivo da relação processual executiva, porquanto a execução pode fundar-se, também, em título extrajudicial.

Na hipótese de o juiz rejeitar os pedidos formulados pelo empregado e, acolhendo a reconvenção apresentada (CPC, art. 343), condená-lo ao pagamento de determinada quantia, em benefício do empregador, teremos um dos raros casos em que o primeiro será *devedor* do segundo, tornando-se, por isso, destinatário dos atos executivos. Mesmo assim, não terá sido posto de lado o princípio de que, no processo trabalhista, o devedor não é alguém que ingressa nos autos apenas na execução, se não que se identifica com uma das partes integrantes da relação processual cognitiva, cuidando-se, é verdade, de execução de título extrajudicial.

2.2. Espólio, herdeiros ou sucessores

O que havíamos dito relativamente ao espólio, aos herdeiros e aos sucessores, quando nos ocupamos da legitimação ativa, aplica-se, *mutatis mutandis,* à passiva.

Acrescentemos, todavia, que:

a) se a morte do devedor ocorreu antes de a sentença (título executivo) haver sido proferida, a habilitação dos herdeiros lhes atribuirá a condição de *devedores* (e não de "herdeiros" do devedor), razão por que a hipótese ficará disciplinada pelo inc. I do art. 779 do CPC ("o devedor, reconhecido como tal no título executivo");

b) se o óbito houver também precedido à prolação da sentença, sem que tenha existido a habilitação dos herdeiros, ou a partilha dos bens, a execução será promovida contra o espólio, cuja habilitação foi feita, sendo então representado em juízo pelo inventariante (CPC, art. 75, VII): o espólio será o devedor, a que alude o sobredito inc. I, do art. 779, do CPC;

c) se a morte do réu ocorrer posteriormente ao proferimento da sentença, mas antes de iniciada a execução, esta será promovida contra o espólio ou contra os herdeiros, conforme tenha havido partilha, ou não; incide, aqui, a disposição do inc. II do art. 799.

É claro que as considerações que acabamos de formular pressupunham fosse o réu pessoa *física*; daí o fato de a sua morte provocar sensíveis repercussões no processo. Estando, contudo, o empregador constituído em pessoa jurídica, o óbito de um ou mais sócios ou acionistas (desde que isso não acarrete desfazimento da sociedade) é irrelevante, porquanto o vínculo de emprego se estabeleceu com a pessoa jurídica (impropriamente denominada "empresa") e não com a pessoa *física* dos sócios ou acionistas. Atua, nesse particular, o fenômeno da "despersonalização do empregador" (*disregard of legal entity*), a que se referiu *Werner Sombart* em "O Moderno Capitalismo" — num sentido algo contraposto ao da pessoalidade do empregado, no que toca à prestação dos serviços inerentes ao contrato. Manifestação positiva desse fenômeno é o art. 448 da CLT, de acordo com o qual "A mudança na propriedade ou na estrutura jurídica da empresa (*sic*) não afetará os contratos de trabalho dos respectivos empregados", assim como não prejudicará os direitos que tenham sido por estes adquiridos (art. 10).

Uma nota particular sobre a teoria da desconsideração da personalidade jurídica.

Muito antes de a doutrina do processo civil brasileiro aderir à teoria da desconsideração da personalidade jurídica, o processo do trabalho já a praticava, ainda que sem a preocupação de dar um título ou denominação formal a essa sua prática. Simplesmente, agia. A jurisprudência trabalhista de cerca algumas décadas atrás já registra essa prática. Não nos interessa, no momento, todavia, investigar as razões jurídicas pelas quais os juízes do trabalho passaram a penhorar, por exemplo, bens dos sócios quando a sociedade, ré na ação, não possuía bens penhoráveis. O que nos interessa é o *procedimento* que, para essa finalidade, se passou a adotar. Como não havia norma legal dispondo sobre o procedimento – conquanto houvessem leis de natureza material versando sobre a possibilidade de desconsiderar-se a personalidade jurídica – o procedimento adotado pelos juízes do trabalho, ressalvadas eventuais dessemelhanças de pouca relevância, era o seguinte: informando, o oficial de justiça, que não encontrou bens penhoráveis da pessoa jurídica, e havendo, nos autos, comprovação de que determinado sócio da ré possuía bens juridicamente passíveis de constrição judicial, o juiz ordenava, *ex officio* e sem ouvir o sócio, que a penhora incidisse nesses bens. De modo geral, realizada a penhora, o sócio reagia mediante uma destas três medidas: a) embargos de terceiro; b) embargos do devedor; c) exceção de pré-executividade; d) impetração de mandado de segurança. Esse procedimento, à força de ser posto em prática reiteradas vezes, passou a integrar o que se tem denominado, com propriedade de *processo da praxe*.

Esta era, em síntese, a sequência dos atos desse procedimento: a) penhora de bens do sócio, *ex officio*; b) sem suspensão do processo; c) não audiência prévia do sócio, quanto à penhora; d) reação jurídica do sócio; e) decisão do juiz a respeito do tema.

Pois bem. Entra em vigor o CPC de 2015, que, pela primeira vez, estabelece um procedimento acerca da desconsideração da personalidade jurídica (arts. 133 a 137). Em linhas gerais, o procedimento é este: a) o incidente é instaurado a pedido da parte ou do Ministério Público (art.133, *caput)*; b) o processo será suspenso, salvo no caso do § 2.º do art. 134; c) o sócio ou a pessoa jurídica (esta, no caso de desconsideração inversa da personalidade jurídica) será citado para manifestar-se e requerer as provas cabíveis, no prazo de quinze dias (art. art. 135, *caput*); d) concluída a instrução, o juiz decidirá o incidente (art.136); e) essa decisão interlocutória será recorrível por meio de agravo de instrumento (art. 1.015, IV). No tribunal, a decisão do relator será impugnada por meio de agravo interno (art. 136, parágrafo único).

A Instrução Normativa n. 39/2016, do TST, afirma serem aplicáveis ao processo do trabalho os arts. 133 a 137, do CPC, que tratam da desconsideração da personalidade jurídica, ressalvando, contudo, a iniciativa do juiz do trabalho, quando o incidente ocorrer na execução (art. 6.º). Estamos, todavia, serenamente convencidos de que a magistratura do trabalho não acatará essa disposição da IN n. 39/2016 (exceto no que toca à iniciativa do juiz, na execução), pelas seguintes razões: a) a IN não reconhece a "legitimidade" do juiz para suscitar o incidente no processo de conhecimento – e, na praxe trabalhista, o juiz vinha tomando a iniciativa desse incidente; b) o art. 134, § 1.º, do CPC, determina a suspensão do processo (salvo no caso de desconsideração inversa) – na praxe trabalhista não havia essa suspensão, observando-se que o único caso previsto na CLT de suspensão do processo está no art. 799, *caput*); c) o sócio será citado antes da penhora (CPC, art. 135) – no processo do trabalho, o sócio vinha sendo citado após a penhora; d) a instrução do incidente antecede à penhora (CPC, *ibidem*) – no processo do trabalho, a instrução ocorria após a penhora; e) no sistema do CPC, a decisão interlocutória do incidente é recorrível por meio de agravo de instrumento (art. 1.015, IV) – no processo do trabalho, essa decisão, no processo de conhecimento, é irrecorrível de maneira imediata e autônoma (CLT, art. 893, § 1.º).

A propósito, o Ato Conjunto CSJT.TST, GP n. 24/14, recomendava aos Tribunais Regionais do Trabalho "a revogação dos dispositivos contidos em seus atos internos ou provimentos que tratem dos procedimentos a serem adotados na aplicação da teoria da desconsideração da personalidade jurídica de modo contrário aos regulados pelo Novo Código de Processo Civil e pela Instrução

Normativa n. 39/2016 do Tribunal Superior do trabalho". Havia aqui, entrementes, uma incoerência desse Ato Conjunto, pois enquanto o CPC, conforme vimos, não permite ao juiz suscitar, *ex officio*, o incidente (art. 133), a IN n. 39/2016 permitia que o juiz do trabalho o fizesse na fase de execução (art. 6.º). Este dispositivo da IN 39 foi, contudo, revogado pelo art. 13 da IN n. 41/2018, do TST.

O passo seguinte, na investigação desse tema, coloca-nos diante do problema da *sucessão de empregadores*, em face da execução do título sentencial.

Preferimos a expressão *sucessão de empregadores* a *sucessão de empresas*, tão a gosto da doutrina e da jurisprudência, pois não se pode falar em "empresa", neste caso, sem se perpetrar indisfarçável escoriação do conceito desse fenômeno jurídico e econômico que ela representa. Realmente, há uma tendência generalizada de o leigo confundir *empresa* com *estabelecimento*, confusão que acabou por infiltrar-se nos domínios reservados à construção doutrinária e jurisprudencial. Ora, a empresa, enquanto entidade jurídica, é uma abstração — embora, no magistério de Rubens Requião, tal assertiva possa parecer a muitos absurda e incompreensível, "dado aquele condicionamento de que a empresa é uma entidade material e visível" ("Curso de Direito Comercial", São Paulo: Saraiva, 13.ª ed., 1.º vol., 1982, pág. 56).

Somente o *estabelecimento* é assinalado por uma existência material, importa dizer, fisicamente perceptível; já a empresa se vincula à noção de exercício de atividade produtiva, em regra organizada.

Como, no Direito do Trabalho, a empregadora é a sociedade (geralmente comercial), quando for o caso de pessoa jurídica (e não de *empresa*, como está no art. 2.º, *caput*, da CLT), temos que o correto será referirmo-nos à sucessão de *empregadores* para identificar o fato, amiúde ocorrente na prática, de uma sociedade ocupar o lugar da outra, passando a ser a nova empregadora (sucessora).

O senso, aliás, do vocábulo *sucessão*, que estamos a utilizar, é muito amplo, compreendendo todos os casos de *modificação subjetiva* do empregador, seja em virtude de venda, de fusão, incorporação, cisão etc. da sociedade. Segundo *Rubens Requião* (obra cit., págs. 215/216), a *incorporação* "é a operação pela qual uma ou mais sociedades de tipos iguais ou diferentes são absorvidas por outra, que lhes sucede em todos os direitos e obrigações"; a *fusão* se caracteriza pela união de duas ou mais sociedades, de tipos iguais ou diferentes, com o propósito de formar uma nova sociedade, que lhes sucederá em todos os direitos e obrigações; na *cisão*, a companhia transfere parte do seu patrimônio para uma ou mais sociedades construídas para esse fim, ou mesmo já existentes, extinguindo-se a companhia cindida, no caso de ocorrer versão da totalidade do seu patrimônio, ou dividindo-se o seu capital, se a transferência patrimonial for feita em parte.

Se a sucessão acontecer no processo de conhecimento, o fenômeno não trará maiores dificuldades de ordem prática, porquanto o sucessor será apanhado pela sentença que compuser a lide (exceto se o processo for extinto sem julgamento do mérito); sendo condenatório o provimento jurisdicional, o sucessor estará, automaticamente, legitimado a integrar o polo passivo da relação jurídica executiva. A dificuldade surge, no entanto, quando a sucessão se realiza *ulteriormente* ao proferimento da sentença condenatória, que renderá ensejo à futura execução. Abre-se, aqui, um leque de casuísmos.

Estando a sucessão cabalmente comprovada nos autos, a execução será promovida contra a sucessora (ou contra ela prosseguirá, conforme seja a época em que o fato sucessório ocorreu), pouco importando que esta não tenha participado do processo de conhecimento. O direito constitucional de resposta (CF, art. 5.º, LV) — que se revela no âmbito processual sob a forma de garantia de ampla defesa — foi nessa hipótese respeitado, pois no processo cognitivo se ofereceu à ré (empregadora primitiva) oportunidade para defender-se amplamente (assim se está a pressupor em decorrência do preceito constitucional há pouco citado), de modo que, transitada em julgado a sentença condenatória, o adimplemento da obrigação, nela contida, será exigido à sucessora; esta deverá satisfazê-la ou sujeitar-se ao comando sancionatório da sentença, que poderá acarretar a expropriação, total ou parcial, de seus bens patrimoniais. É elementar que esta nossa argumentação não se aplica quando se tratar de *suposta* sucessão, vale dizer, quando não estiver *configurado,* tipicamente, esse fenômeno jurídico, ou quando se estiver *discutindo* a sua configuração. Em tais hipóteses, dirigir atos executivos à pessoa do "sucessor" poderá acarretar grave violação da garantia constitucional do *devido processo legal,* inscrita no art. 5.º, inciso LIV, da Constituição, por forma a desafiar, até mesmo, a impetração de mandado de segurança. Em tal caso, o executado (que nem sempre é sinônimo de *devedor*) estará vendo os seus bens patrimoniais serem expropriados sem a indispensável observância do *due process of law* de que falou Eduardo III, no Estatuto inglês de 1354 (Statute of Westminster of the Liberties of London). Daí, a possibilidade de ser colocado de lado o recurso agravo de petição para admitir-se o uso da ação de segurança, a única dotada de eficácia para assegurar ao executado imediata reparação (mediante liminar) do seu direito constitucional violado por ato de autoridade judiciária.

Aos olhos do direito material do trabalho — informado por um princípio marcadamente protetivo dos direitos e interesses do trabalhador —, é irrelevante a circunstância de a sucessora haver colocado no instrumento, digamos, de aquisição da sucedida, ressalva de que o pagamento de salários, indenizações, férias etc., relativos aos empregados despedidos por esta, ficaria sob a responsabilidade exclusiva da primitiva empregadora. Caracterizada a sucessão, a sucessora — nada obstante a ressalva mencionada — será chamada a adimplir as obrigações trabalhistas que procurou deixar sob a responsabilidade da sucedida. Pagando a dívida que, a princípio, estava afeta à sucedida, a sucessora sub-rogar-se-á nisso e poderá, em consequência, promover, na Justiça Comum, execução contra aquela, com fundamento no art. 778, IV, do CPC. O que seria inadmissível é que a sucessora, invocando a responsabilidade contratualmente assumida pela sucedida — ou a ela atribuída —, se eximisse de cumprir a obrigação consubstanciada no título executivo judicial; a prevalecer opinião como esta — dissociada, diga-se *en passant*, da realidade prática —, estariam os trabalhadores, na quase totalidade dos casos, privados de receber o seu crédito, na medida em que a sucessora não se sentiria obrigada a isso e a sucedida talvez não possuísse patrimônio suficiente para responder pela dívida.

É da própria declaração emoldurada pelo art. 448 da CLT que se obtém o fundamento legal para determinar a responsabilidade da sucessora, quanto ao adimplemento das obrigações contraídas pela sucedida.

Não se aplica ao processo do trabalho, por esse motivo, a regra do art. 109 do CPC, a teor da qual "a alienação da coisa ou do direito litigioso por ato entre vivos, a título particular, não altera a legitimidade das partes", entendendo-se como *coisa,* para os efeitos do assunto a que estamos a dedicar-nos, a sociedade *sucedida*. Dessa maneira, se a sociedade "A" foi adquirida pela "B", esta, e não aquela, terá legitimidade para, no processo de execução, figurar como sujeito passivo. Registre-se, além disso, que na sucessão de sociedade não se discute o problema da alienação da coisa ou do direito, e sim a legitimidade da sucessora para assumir a condição de devedora na execução.

Por outras palavras: o objeto da execução não é a coisa alienada ou o direito litigioso, embora os atos constritivos possam, no momento oportuno, dirigir-se a um e a outra.

Pode acontecer, porém, conforme já alertamos, de a sucessão não ser provada nos autos ou não ficar satisfatoriamente configurada; tais situações exigirão do juiz extrema perspicácia e comedimento, pois se, de um lado, não convém à ordem jurídica e à respeitabilidade do Poder Judiciário que se constranja *terceiros* (logo, não sucessores) a responderem por obrigações assumidas pela sociedade de que se *supõe* sejam sucessores, de outro, essa mesma inconveniência diz da necessidade de serem cumpridas integralmente as decisões judiciais, máxime quando envolvem créditos de trabalhadores.

Situação que reclama atenção especial surge quando o devedor, encerrando as suas atividades, vende, no todo ou em parte, a sua maquinaria a outrem, cujo estabelecimento está situado em local diverso e sem que haja entre ambos qualquer vínculo, seja no plano da diretoria, seja no de controle acionário e o mais. Nesse caso, dificilmente o comprador desses bens estará legitimado para a execução, porquanto não nos parece caracterizada a sucessão de que falam a doutrina e a jurisprudência trabalhista. A tese de que o empregado acompanha sempre a máquina é destituída, *data venia,* de qualquer juridicidade. Esse princípio do magnetismo da máquina, ou da aderência do trabalhador a ela, é inconcebível pelas estruturas racionais. O que se poderia alegar, isto sim, na espécie em foco, seria a fraude à execução, se a alienação dos mencionados bens incorreu em quaisquer das previsões do art. 792 do CPC. É evidente que a solução do problema, em concreto, não é tão simples como possa estar parecendo, pois cada caso deverá submeter-se a um exame acurado e criterioso, que não despreze as suas peculiaridades e as circunstâncias que determinaram a sua ocorrência. O que nos parece importante deixar assinalado é que, por princípio, o mero adquirente dos bens que integravam o patrimônio de uma sociedade comercial, industrial etc. não se torna, *só por isso*, seu sucessor, de forma a ocupar o lugar desta, na execução que vier a ser promovida, ou que já se encontra em curso. Mesmo no caso de fraude à execução declarada pelo juiz, não haverá alteração subjetiva no polo passivo da execução, uma vez que aí continuará a residir o devedor, ou seja, o ex-empregador, réu no processo de conhecimento.

Em outros casos, o empregador, demitindo os trabalhadores sem satisfazer-lhes os direitos, vende o "ponto" comercial a terceiro, que ali se instala com bens próprios e passa a exercer atividade empresarial totalmente diversa da que era explorada pela sociedade anterior. Seria, também aqui, muito difícil configurar a sucessão, pois o único argumento de que se disporia, em favor da tese, seria o da *identidade de local* (ou de prédio); convenhamos, por amor ao direito e ao bom-senso, que isso seria muito pouco para caracterizar o fenômeno da sucessão.

Poder-se-ia admitir a sucessão, contudo, se o empregador, despedindo trabalhadores, "mudasse de ramo", isto é, passasse a exercitar atividade diversa da anterior, embora instalado no mesmo local e tendo atribuído à nova sociedade denominação distinta. Nesse caso, o propósito de fraudar direitos subjetivos dos empregados seria de clareza ofuscante, razão por que, ignoradas tais inovações artificiosas e mal-intencionadas, a execução do título judicial processar-se-ia contra a nova sociedade — integrada pelos mesmos sócios da anterior ou boa parte deles. Socorre essa solução o art. 448 da CLT, mercê de uma providencial incidência analógica.

O problema da sucessão de empregadores, do ponto de vista da execução, é, como se percebe, multifário e extremamente complexo, não comportando, por isso, exames e soluções generalizantes; cada caso concreto deve ser investigado em sua individualidade, a fim de que não sejam adotadas soluções idênticas para situações díspares — sendo essencial, todavia, em qualquer caso, que o juiz se empenhe em apurar se a sucessão teve como objetivo lesar, ou não, direitos dos trabalhadores; convencendo-se de que esse escopo esteve presente, cumprirá ao magistrado ordenar que a execução seja realizada contra o sucessor, devendo, para isso, conferir às leis que regem as sociedades comerciais uma interpretação que não violente o espírito tuitivo que anima o direito material do trabalho.

Tratando-se de *grupo econômico* (CLT, art. 2.º, § 2.º), a execução, mesmo assim, somente poderá ser promovida em relação àquelas empresas que participaram do processo de conhecimento. Ao escrevermos sobre o assunto, em outra obra, já alertávamos para o fato de ser censurável a praxe de permitir-se que a execução seja promovida contra quem não esteve presente no processo cognitivo, a pretexto de pertencer ao mesmo grupo econômico, pois isso envolve ofensa barbárica a princípios medulares do *devido processo legal* ("Liquidação (...)", pág. 82). Posteriormente a isso, o TST impendeu rumo certo e seguro à questão, ao editar a Súmula n. 205, pela qual enunciou que o responsável solidário, integrante de grupo econômico, que não participou da relação processual como reclamado (*sic*) e que, portanto, não consta no título executivo judicial como devedor, não pode ser sujeito passivo na execução. Tempos depois, no entanto, esta Súmula foi cancelada pela Res. n. 121/2003 (DJ de 21.11.2003).

É bom aditar que, no plano processual, a figura do grupo econômico corresponde ao litisconsórcio passivo-facultativo-irrecusável-unitário; *passivo*, porque o grupo econômico foi instituído pelo Direito do Trabalho com a finalidade exclusiva de garantir a satisfação dos direitos do empregado, que, embora tenha sido contratado por apenas uma das sociedades desse grupo, poderá exigir de qualquer outra o pagamento do que lhe é devido; *facultativo*, porquanto a constituição do litisconsórcio passivo depende da manifestação volitiva do empregado-autor, a despeito de a execução, como dissemos, somente poder abranger aquelas sociedades que tenham figurado como litisconsortes no processo de conhecimento, em que foi emitida a sentença condenatória, agora convertida em título executivo; *irrecusável*, em virtude de que, solicitada a formação do litisconsórcio, pelo autor, os réus não poderão recusá-lo; *unitário*, pois, em face da unidade do próprio grupo econômico, a sentença condenatória deve ser uniforme em relação a todas as empresas que o integram, vale dizer, a obrigação será uma só, devendo ser cumprida por qualquer delas. A obrigação não é, portanto, dividida, rateada, entre essas empresas.

A prudência — e, acima de tudo, as regras processuais — recomenda, em face disso, que o autor, desejando beneficiar-se das disposições do § 2.º do art. 2.º da CLT, cuide de promover a citação, para o processo de conhecimento, de todas as sociedades componentes do grupo econômico, assegurando, com essa providência, a possibilidade de dirigir a futura execução do título sentencial contra uma ou mais delas; caso contrário, não haverá legitimidade *ad causam* das empresas que não participaram do processo cognitivo e que, exatamente por esse motivo, não se encontram incluídas no título exequendo.

A jurisprudência vem-se pronunciando em movimentos pendulares quando convocada a examinar o problema da execução dirigida a sócio de pessoa jurídica (reconhecida no título executivo) que cessou as suas atividades ou não possui bens suficientes para solver a obrigação. Podemos asseverar que há verdadeira cinca a respeito do assunto, fazendo com que se instaure uma generalizada insegurança das partes e de quantos exercem as profissões forenses, no que tange a encontrar a solução que melhor atenda ao direito e aos princípios de justiça. Pela dicção do art. 10 do Decreto n. 3.708, de 10 de janeiro de 1919, "os sócios-gerentes ou que derem o nome à firma não respondem pessoalmente pelas obrigações contraídas em nome da sociedade, mas respondem para com esta e para com terceiros solidária e ilimitadamente pelo excesso de mandato e pelos atos praticados com violação do contrato ou de lei". Sob o rigor da literalidade legal, portanto, somente responderá, de modo *pessoal*, pelas obrigações assumidas em nome da sociedade por quotas o *sócio-gerente* ou aqueles que tenham dado nome à firma, conquanto respondam perante esta nos casos de: a) excesso do mandato; b) violação do contrato ou de norma legal. Sendo assim, não podem ser responsabilizados os sócios que são meros detentores de quotas, sem que tenham exercido qualquer atividade administrativa. O CC, por sua vez, estabelece que "Na sociedade limitada, a responsabilidade de cada sócio é restrita ao valor de suas quotas, mas todos respondem solidariamente pela integralização do capital social" (art. 1.052).

A jurisprudência crítica, porém, vem entendendo que o sócio-gerente responderá, sem limites, pelas obrigações contraídas em nome da sociedade sempre que esta: a) deixar de funcionar legalmente; b) encerrar, sub-reptícia ou irregularmente, as suas atividades; c) falir fraudulentamente etc. — desde que, por certo, a sociedade não possua bens para atender à obrigação. A atitude dessa orientação jurisprudencial é inatacável, pois seria injusto permitir que um sócio-gerente se eximisse de certas obrigações da sociedade perante os empregados, escudando-se em preceitos da legislação comercial que em nada se harmonizam com o espírito tutelar, que anima o direito material do trabalho. O que se deve levar em consideração, para um adequado enfrentamento de situações como a em exame, é o fato de o empregado ser portador de um título executivo judicial e que o adimplemento da pertinente obrigação é assunto relacionado não apenas aos interesses do credor, mas à própria respeitabilidade e eficácia dos pronunciamentos jurisdicionais. De tal arte, se a sociedade não possui bens para solver a obrigação, a isso será chamado o sócio-gerente, pouco importando que tenha integralizado as suas quotas do capital ou que não tenha agido com exorbitância do mandato, infringência do contrato ou de norma legal. O critério de justiça, em casos como esse, se sobrepôs ao da subserviência à literalidade insensível dos preceitos normativos, particularidade que realça, ainda mais, a notável vocação zetética do direito material do trabalho e da jurisprudência que o aplica e o interpreta.

É à luz dessa tendência característica do direito regulador das relações entre empregados e empregadores que se deve entender a regra corporificada no art. 795, *caput*, do CPC, consoante a qual "Os bens particulares dos sócios não respondem pelas dívidas da sociedade senão nos casos previstos em lei"; nada impede, entretanto, que mesmo no plano do processo do trabalho se reconheça ao sócio o direito de, invocando essa norma legal, indicar bens da sociedade, situados na mesma comarca, contanto que livres e desembargados, o quanto bastem para pagar a dívida (*ibidem*, §§ 1.º e 2.º). Defender-se-á o sócio, nessa hipótese, por intermédio de embargos de terceiro (CPC, art. 674), pois a sua pessoa física, para esse efeito, não se confunde com a jurídica da sociedade a que está — ou esteve — ligado.

É verdade que o sócio não poderá invocar o benefício de ordem (exigindo que primeiro sejam excutidos os bens da sociedade), se esta possuir existência irregular, ou simplesmente de fato; segue-se que a execução será promovida diretamente contra ele, respondendo os seus bens pelo adimplemento integral da obrigação assumida em nome da sociedade. A responsabilidade do sócio, aqui, é *principal* e não *secundária*, como ocorreria se a sociedade possuísse existência regular.

Estivemos a cogitar, até esta altura, de sócio que não se tenha retirado da sociedade. Vejamos, agora, qual a responsabilidade do sócio que tenha deixado de pertencer à sociedade contra a qual se formou a coisa julgada material.

São dois, basicamente, os dispositivos do CC que regem a matéria. O primeiro deles é o parágrafo único do art. 1.003, conforme o qual "Até 2 (dois) anos depois de averbada a modificação do contrato, responde o cedente solidariamente com o cessionário, perante a sociedade e terceiros, pelas obrigações que tinha como sócio"; o segundo, o art. 1.032, assim redigido: "A retirada, exclusão ou morte do sócio, não o exime, ou a seus herdeiros, da responsabilidade pelas obrigações sociais anteriores, até 2 (dois) anos após averbada a resolução da sociedade; nem nos dois primeiros casos, pelas posteriores e em igual prazo, enquanto não se requerer a averbação".

Versamos, até este ponto, sobre as sociedades por quotas de responsabilidade limitada, que são as empregadoras mais comuns. Examinemos, a seguir, ainda que em voo de pardal, outras espécies de sociedades e a responsabilidade dos sócios que as integram.

Nas sociedades em *comandita*, os sócios comanditários não se obrigam além dos fundos com que nela ingressam, embora os sócios responsáveis respondam, solidariamente, pelas obrigações sociais, como se dá com os de entidades coletivas (Cód. Com., art. 313). Consta do at. 1.045, do CC: "Na sociedade em comandita simples tomam parte sócios de duas categoriais: os *comanditados*, pessoas físicas, responsáveis solidária e ilimitadamente pelas obrigações sociais; e os *comanditários*, obrigados somente pelo valor de sua quota" (destacamos).

No caso das sociedades *em nome coletivo*, a totalidade dos sócios (que somente podem ser pessoas físicas) é responsável perante terceiros, vindo, em consequência, os seus bens pessoais a responder pela execução promovida contra a entidade de que participam (Cód. Comercial, art. 316). Dispõe o art. 1.039, do CC: "Somente pessoas físicas podem tomar parte na sociedade em nome coletivo, respondendo todos os sócios, solidária e ilimitadamente, pelas obrigações sociais. Parágrafo único. Sem prejuízo da responsabilidade perante terceiros, podem os sócios, no ato constitutivo, ou por unânime convenção, limitar entre si a responsabilidade de cada um".

Sendo a sociedade *de capital* e *indústria*, o sócio de indústria não responde com o seu patrimônio particular diante dos credores da pessoa jurídica, a menos que, além da indústria, contribua para o capital, mediante quota em dinheiro, bens e o mais, ou seja gerente da firma social, hipótese em que ficará constituído em sócio solidário, com responsabilidade plena (Cód. Comercial, art. 321).

Nas sociedades *em conta de participação*, a obrigação perante terceiros incumbe ao sócio ostensivo, ficando os demais unicamente obrigados para com o mesmo sócio, em decorrência das transações e das obrigações sociais, realizadas nos termos precisos do contrato (Cód. Comercial, art. 326).

Cuidando-se de *sociedade anônima*, dispõe o art. 218 da Lei n. 6.404, de 15 de dezembro de 1976, com redação dada pela Lei n. 10.303, de 31-10-2001: "Encerrada a liquidação, o credor não satisfeito só terá direito de exigir dos acionistas, individualmente, o pagamento de seu crédito, até o limite da soma, por eles recebida, e de propor contra o liquidante, se for o caso, ação de perdas e danos. O acionista executado terá direito de haver dos demais a parcela que lhes couber no crédito pago". Esse critério — baseado na responsabilidade dos acionistas segundo cada um recebeu na partilha do ativo social —, como se percebe, só é aplicável nos casos de *liquidação* da sociedade (quando, então, ocorre a referida partilha). No caso de *encerramento* das atividades da sociedade anônima (e não de dissolução formal), sem que esta possua bens para satisfazer os créditos dos seus trabalhadores, a solução consistirá em responsabilizar os acionistas em geral, mediante a penhora de seus bens particulares, independentemente de estes terem recebido algo, ou não, da sociedade, quando do seu fechamento. Poder-se-ia, até mesmo, adotar o critério de dirigir a execução forçada aos acionistas majoritários, que, pagando a dívida, nisso se sub-rogariam e, em consequência, poderiam ingressar com ação de regresso, na Justiça Comum, para receber dos demais a cota que lhes cabe. Estabelece o CC, no art. 1.088: "Na sociedade anônima ou companhia, o capital divide-se em ações, obrigando-se cada sócio ou acionista somente pelo preço de emissão das ações que subscrever ou adquirir".

2.3. Novo devedor

Contempla o processo civil a possibilidade de um terceiro, assumindo a obrigação do devedor, com o consentimento do credor, tornar-se o *novo devedor* e, nessa qualidade, ficar legitimado, passivamente, para a execução (CPC, art. 779, III).

Essa norma articula-se, até certo ponto, com o art. 109, § 1.º, do mesmo estatuto processual, sempre que o novo devedor for cessionário ou adquirente de coisa ou do direito litigioso, hipótese em que, havendo anuência do credor, ele poderá sucedê-lo na ação. Atente-se que a proibição legal só diz respeito à sucessão processual, pelo cessionário ou adquirente, pois lhe permite intervir como assistente do devedor (art. 109, § 2.º). Embora a lei não elucide se essa assistência será simples (ou adesiva) ou qualificada (ou litisconsorcial), temos que se trata desta última, diante da redação imperativa do § 3.º do art. 109 do CPC, declaratória de que se "*estendem* os efeitos da sentença" (destacamos) ao adquirente ou ao cessionário. A sentença que vier a ser proferida em relação às partes originárias projetará, pois, os seus efeitos na esfera jurídica do adquirente e do cessionário, conforme seja o caso.

O art. 109 do CPC cogita de a transmissão (via cessão ou alienação) da coisa ou do direito litigioso provir de ato *inter vivos*, ao passo que a *causa mortis* é regulada pelo art.110.

É de grande conveniência esclarecer, contudo, que o art. 109 do CPC não tem aplicação no processo do trabalho, dado que nas ações trabalhistas o objeto da lide não é a *coisa* (o estabelecimento comercial do empregador p. ex.), mas a existência ou não de direitos subjetivos específicos das partes. No processo civil, *v. g.*, o direito não raro é incindível, de modo que a sentença deverá reconhecê-lo em favor de uma ou de outra parte; já no processo do trabalho nem sempre o reconhecimento de um direito em favor do empregado implica a impossibilidade de ser reconhecido um outro direito em prol do empregador (concede-se ao primeiro, digamos, aviso-prévio, indenização etc., e ao segundo a compensação, tempestivamente requerida, com débitos de natureza trabalhista). Enfim, não vislumbramos um caso em que, juridicamente, as partes pudessem, no processo do trabalho, ceder ou vender a terceiros *direitos litigiosos*, sendo oportuno advertir que a situação em exame não se confunde com a sub-rogação, de que fala o art. 778, § 1.º, IV, do CPC, porquanto esta legitima o sub-rogado para promover ou prosseguir na ação — e não para tornar-se parte passiva na relação processual.

Ainda que admitíssemos, apenas com força de argumento, que no processo do trabalho houvesse lugar para o litígio acerca da *coisa* (*res*), tomada esta como o estabelecimento do empregador, duas ordens de dificuldades surgiriam: a) uma, de foro lógico, pois não seria concebível que o empregado viesse a juízo para postular o reconhecimento da sua qualidade de proprietário do estabelecimento disputado; b) outra, de estofo legal, uma vez que, se a coisa litigiosa fosse um veículo, um mostruário, ferramentas de trabalho etc., a legitimidade passiva continuaria sendo *do empregador* — que efetuou a venda desses bens —, pois, conforme havíamos dito anteriormente, o empregado se vincula à pessoa jurídica do estabelecimento e não a determinados bens componentes do patrimônio deste.

Resumindo: a litigiosidade da coisa ou do direito, prevista, no art. 109 do CPC, como pressuposto para a inalterabilidade da legitimação das partes, faz com que a incidência dessa norma seja inadmissível no processo do trabalho, mercê de incompatibilidade lógica e jurídica com este.

Linhas atrás afirmamos que as disposições do art. 779, III, do CPC se enastram, em parte, com as do art. 109 do mesmo Código. Essa interpenetração promana do fato de o *novo devedor* ser o cessionário, o adquirente ou o sub-rogatário. Sucede que o terceiro poderá assumir, em atitude voluntária, a obrigação derivante do título executivo judicial, sem que seja em virtude de cessão, alienação etc. por parte do devedor: assume, tão somente, porque assim deseja. Requer-se, para tanto, apenas o assentimento do credor. Nesta última hipótese, cremos que, em circunstâncias especialíssimas, poder-se-ia conceber, no processo do trabalho, a figura do *novo devedor*, pois essa medida poderia ser benéfica ao empregado-credor, como quando o devedor primitivo não possuísse bens suficientes para suportar a execução e a situação patrimonial do terceiro, que pretendesse ser o *novo devedor*, se apresentasse muito boa. Haveria de cuidar-se, entretanto, de que, na prática, não se verificasse o contrário.

Convencendo-se o juiz de que há conluio entre o devedor primitivo e o terceiro que deseja substituí-lo, deverá obstar o ingresso deste nos autos, mesmo que o credor tenha concordado com a pretendida substituição; ao magistrado incumbe, sobretudo, preservar o conteúdo ético do processo e prevenir ou reprimir qualquer ato contrário à dignidade da justiça (CPC, arts. 139, III, e 142).

Concede a lei, por outro lado, ação aos empregados do subempreiteiro para exigirem do empreiteiro principal o cumprimento das obrigações que seriam normalmente exigíveis daquele (CLT, art. 455). Aqui, a lei é inequívoca quanto à necessidade de a ação dirigir-se ao empreiteiro principal, do que se origina a sua legitimidade para a execução da sentença ou do acordo. A cautela sugere que também o subempreiteiro seja introduzido na relação jurídica processual, como medida tendente a garantir a satisfação do crédito do empregado exequente; o que não seria admissível é ele vir a exercer o direito de ação unicamente diante do subempreiteiro e, comprovada a incapacidade econômica ou financeira de este solver a obrigação, promover a execução contra o empreiteiro principal, que nem sequer participou do processo de conhecimento e, por isso mesmo, não está identificado no título exequendo. Idêntica impossibilidade jurídica haveria se ocorresse o inverso.

Nada impede, todavia, que o empreiteiro principal seja chamado ao processo, pelo subempreiteiro, para integrar a lide (CPC, art. 130, III), sempre que o autor não tenha tido o cuidado de exercitar a ação de conhecimento em face de ambos. A nosso ver, esse é um dos raros casos em que se justifica o chamamento ao processo, na Justiça do Trabalho, pois o requerimento formulado nesse sentido pelo subempreiteiro se harmoniza com o art. 455 da CLT. Na verdade, não se trata, aqui, de um chamamento ao processo *típico*, como tal considerado o que é traçado pelos arts. 130 a 132 do CPC. Assim dizemos porque a Justiça do Trabalho não tem competência para declarar, na mesma sentença que compuser a lide, a quota-parte de cada um dos devedores (CPC, art. 132), ou seja, para individualizar essas responsabilidades, pois isso implicaria solucionar um conflito *entre empregadores* ("empresas"). Sendo assim, o subempreiteiro poderá ser convocado a integrar a relação jurídica processual (processo de conhecimento) sem que o faça sob a figura formal do *chamamento ao processo*. Nesse caso, o juiz, ao emitir a sentença de mérito, condenará os réus (empreiteiro principal e subempreiteiro), em caráter solidário ou sucessivo, à satisfação do direito do autor, sem partilhar, entre eles, a responsabilidade pelo cumprimento da obrigação. Se o empreiteiro principal pagar (integralmente) a dívida, nisso ficará sub-rogado, podendo, mediante ação regressiva a ser exercida na Justiça Comum, exigir do subempreiteiro o correspondente ressarcimento (CLT, art. 455, parágrafo único). Ou, simplesmente, reter essas quantias, compensando-se do que tiver de pagar ao subempreiteiro, por força do contrato existente com este (*ibidem*).

2.4. Fiador

O processo do trabalho deve admitir, sem receio, a execução contra o fiador; sempre que o devedor estiver, comprovadamente, impossibilitado de satisfazer a obrigação oriunda do título judicial, constitui medida salutar e conveniente aos objetivos da execução permitir-lhe que ofereça *fiança bancária*, com fundamento no art. 9.º, II, da Lei n. 6.830/80, de incidência supletiva no processo de execução trabalhista (CLT, art. 889). A fiança, para tanto, deverá obedecer às condições preestabelecidas pelo Conselho Monetário Nacional (*ibidem*, § 5.º). Problema haverá, sem dúvida, quando o prazo de vigência do contrato de fiança for de curta duração (um ano, digamos), pois isso poderá fazer com que, findo esse contrato, o credor fique sem nenhuma garantia quanto ao cumprimento da obrigação, por parte do devedor. É necessário, portanto, que o prazo de duração do contrato de fiança seja suficiente para assegurar a integral satisfação do direito do credor.

Não há necessidade, porém, de que o fiador tenha participado do processo de conhecimento; sendo *judicial* a fiança, esta é prestada nos autos da execução. Na fiança dita civil o fiador deve estar presente no processo cognitivo, sendo citado como litisconsorte.

De igual maneira, dever-se-á permitir que o devedor substitua, em qualquer fase do processo, a penhora por depósito em dinheiro ou fiança bancária, segundo lhe faculta o art. 15, I, da precitada norma legal; a fiança, em ambos os casos, compreenderá o valor do principal, corrigido monetariamente e acrescido dos juros da mora, bem como as despesas processuais *lato sensu* (custas, emolumentos, honorários advocatícios ou periciais etc.).

Aceita essa espécie de fiança pelo credor, o fiador ficará legitimado para ocupar o polo passivo da relação processual executiva. Essa intervenção do fiador, na execução trabalhista, deve ser não só permitida mas até mesmo estimulada, pois visa a garantir ao exequente a satisfação do seu crédito — o que, talvez, não fosse possível se a execução devesse prosseguir, unicamente, contra o devedor.

Não sendo embargada a execução, ou rejeitados os embargos, o fiador será intimado para, no prazo legal e sob pena de a execução prosseguir contra ele: a) remir o bem, se a garantia for real; ou b) pagar o valor da dívida, com correção monetária, juros da mora, despesas processuais etc., se a garantia for fidejussória (Lei n. 6.830/80, art. 19, I e II), como é o caso da fiança.

O credor, na verdade, pode executar o devedor *ou* o fiador judicial, assim como pode promover a execução contra os dois. Vindo o fiador a pagar a dívida, sub-rogar-se-á no direito do credor, tendo, em razão disso, ação regressiva diante do devedor, como prevê o art. 832 do Código Civil.

Sendo a execução dirigida apenas ao fiador, este poderá, na oportunidade dos embargos que vier a oferecer (CLT, art. 884), alegar as mesmas matérias que poderiam ser suscitadas pelo devedor.

Estabelece o parágrafo único do art. 848, do CPC, que a penhora de bens poderá ser *substituída* por fiança bancária ou seguro garantia judicial, em valor não inferior ao do débito constante da inicial, acrescido de trinta por cento. Trata-se de repetição do disposto no art. 835, § 2.º, do mesmo Código, segundo o qual, para fins de substituição da penhora, são equipados a dinheiro a fiança bancária e o seguro garantia judicial, "desde que em valor não inferior ao do débito constante da inicial, acrescido de trinta por cento". A Lei n. 6.830/80, em seu art. 15, faculta: a) ao executado (devedor) substituir a penhora por depósito em dinheiro ou fiança bancária; b) à Fazenda Pública (exequente) substituir por outros bens, independentemente da ordem enumerada no art. 11.

Desse modo, por princípio, quanto à substituição requerida pelo executado (letra "a", retro) incidia no processo do trabalho a regra do art. 15 da Lei n. 6.830/80 (CLT, art. 889), de tal forma que a substituição ficaria restrita a dinheiro depositado e à fiança bancária. Mesmo assim, a nosso ver não se aplicava a regra do § 2.º, do art. 835, do CPC, e do parágrafo único do mesmo Código, de que a fiança deveria ser acrescida de 30% em relação ao débito. Este acréscimo não estava previsto no art. 15 da Lei n. 6.830/80, o que não significava dizer que esta fosse omissa. A figura do seguro garantia judicial também não era prevista na mencionada norma legal.

Tempos depois, por força da nova redação dada ao art. 882, da CLT, pela Lei n. 13.467/2017, facultou-se ao executado oferecer seguro-garantia judicial (ou nomear bens à penhora), visando a garantir a execução e a oferecer os embargos que lhe são próprios.

O mesmo, todavia, não ocorre com a substituição desejada pelo exequente (alínea "b", retro). Passa-se que o art. 882, da CLT, faz expressa menção *integrativa* ao art. 855 do CPC. Com isso, fica afastada a possibilidade de incidência supletiva do inciso II do art. 11 da Lei n. 6.830/80, que faz referência ao art. 11 da mesma Lei. O que estamos a sustentar, em termos práticos, é que, no processo do trabalho, conquanto a ordem preferencial de bens penhoráveis seja a determinada pelo art. 835 do CPC, para efeito de *substituição* do bem penhorado, a requerimento do credor, essa ordem não precisa ser observada. Destarte, embora prevaleça o princípio inscrito no inciso II, do art. 15, da Lei n. 6.830/80, qual seja, o de que a substituição pretendida pelo credor independe da ordem legal dos bens penhoráveis, essa ordem – que, reiteremos, não precisa ser observada –, por força do art. 822 da CLT é a estabelecida pelo art. 835 do CPC.

2.5. O responsável titular do bem vinculado por garantia real ao pagamento do débito

A Justiça do Trabalho não possui competência em relação à matéria.

2.6. O responsável tributário, assim definido em lei

O Código Tributário Nacional (Lei n. 5.172, de 25 de outubro de 1966, define quem é o sujeito passivo da obrigação tributária principal (art. 121) e da acessória (art. 122) e dispõe sobre a solidariedade passiva (art. 124) e os efeitos desta (art. 125).

A responsabilidade dos sucessores é definida nos arts. 129 a 133, e a de terceiros, nos arts. 134 e 135.

2.7. Massa falida

O fato de a Lei n. 6.830/80 conceder legitimação passiva à massa falida, para efeito de execução (art. 4.º, IV), é extremamente significativo, pois fortalece a nossa convicção, que será manifestada no Capítulo XXI desta obra, de que a execução contra a massa falida é perfeitamente possível, no processo do trabalho, estando mesmo autorizada pela disposição excepcional do art. 76, da Lei n. 11.101/2005.

Por princípio de disciplina sistemática, remetemos o leitor àquele Capítulo.

Resumindo o quanto dissemos até este momento: além do devedor ("executado", na linguagem da CLT), encontram-se legalmente legitimados para responder à execução trabalhista todos aqueles a que fazem referência os arts. 4.º, da Lei n. 6.830/80, e 778 do CPC, excluído, em ambos os casos, o responsável titular do bem vinculado por garantia real ao pagamento do débito.

Capítulo IX

COMPETÊNCIA

1. Comentário

A jurisdição, segundo a etimologia do vocábulo (*iuris* + *dictio*), traduz o poder-dever que as leis outorgam aos magistrados para efeito de solucionarem os conflitos de interesses submetidos ao seu conhecimento, dizendo, por essa forma, com quem está o direito disputado.

Embora todos os juízes possuam, por princípio, jurisdição, a afirmativa perde a sua veracidade quando dirigida à competência. Efetivamente, em certos casos, por força de critérios adotados pelo legislador (considera-se, *e. g.*, a matéria posta em juízo, as pessoas envolvidas no conflito), o juiz, a despeito de possuir jurisdição, fica desapercebido de competência, de tal sorte que se pode conceber a regra segundo a qual em toda competência há jurisdição, conquanto nem toda jurisdição implique competência. Atenta a essa particularidade, a doutrina tem afirmado que a competência constitui a medida da jurisdição. Eduardo Couture, por exemplo, assevera que a jurisdição é o todo e a competência, a parte, ou seja, "un fragmento de la jurisdicción" ("Fundamentos del Derecho Procesal Civil", 3.ª ed., Buenos Aires: Depalma, pág. 29, n. 18). David Lescano, contudo, em posição algo isolada, entende que "La competencia no es una porción o parte de jurisdicción, como algunos han sostenido, sino que es una cosa distinta" ("Jurisdicción y Competencia", pág. 215, n. 1).

Não nos aprofundemos, entretanto, nessas questões, que melhor se quadram a temas de teoria geral do processo.

2. Títulos executivos

Acreditando termos podido demonstrar, com argumentos extraídos da própria norma legal (CLT, art. 876), que no processo do trabalho possuem autoexecutoriedade os títulos *judiciais* (sentença passada em julgado e acordo inadimplido), e os extrajudiciais previstos no art. 876, *caput,* da CLT, pensamos não haver maiores dificuldades de ordem prática no que toca a estabelecer a competência dos órgãos trabalhistas para a realização de atos executórios.

Separemos, agora, a execução de título judicial da que se processa mediante título extrajudicial, a fim de as examinarmos sob a perspectiva da competência jurisdicional.

2.1. Título judicial

A competência para a execução, em regra, é do próprio juízo que proferiu a sentença exequenda (ou lançou a sentença homologatória da transação). A execução se processa, por isso, nos mesmos autos em que foi prolatada a decisão que pôs fim ao processo de conhecimento — agora convertida em título executivo.

Em livro anterior, escrevemos:

> Singularidade que merece ser destacada respeita ao fato de que o órgão de primeiro grau, com sua composição colegiada no processo cognitivo, torna-se monocrático no de execução (CLT, art. 649, § 2.º). A afirmação que acabamos de fazer nos inspira duas ordens de considerações: a) como dissemos em páginas pretéritas, na Justiça do Trabalho o postulado cardeal é de que a competência para a execução é sempre do órgão de primeiro grau, ainda que a decisão tenha sido proferida por Tribunal Regional. Essa é a razão por que os acórdãos normativos, emitidos pelos Tribunais nas ações coletivas, devem ser executados no plano do primeiro grau de jurisdição, estando os sindicatos, a propósito, legalmente legitimados a isso (CLT, art. 872, parágrafo único), o mesmo acontecendo em relação aos acordos firmados nos autos dessas ações coletivas, contanto que não cumpridos. As entidades sindicais, possuem, também, legitimidade para ajuizar as denominadas 'ações de cumprimento', fundadas em acordo ou convenção coletiva de trabalho (TST, Súmula n. 286). Nas ações de mandado de segurança e rescisória, porém — que entram também na competência originária dos Tribunais —, o acórdão correspondente deve ser executado perante o próprio órgão do segundo grau, por intermédio do seu Presidente (CLT, art. 682, VI); b) o art. 649, § 2.º, da CLT, ao dispor que 'na execução e na liquidação das decisões funciona apenas o Presidente', não entra, como tem suposto determinado segmento da doutrina, em rota de colisão com a regra constitucional que assegura a paridade de representação de empregados e empregadores, na Justiça do Trabalho (art. 116), pois essa representação das classes sociais da produção teve em mira, exclusivamente, o *processo de conhecimento,* onde se verifica o conflito de interesses trabalhistas, que deve ser dirimido por essa Justiça Especializada (CF, art. 114). Além disso, no processo cognitivo são formuladas as propostas conciliatórias (CLT, arts. 846, *caput,* e 850, *caput*), oportunidade em que os classistas devem exercer uma das atribuições que lhes confere a norma legal (CLT, art. 667, *b*). Desse modo, porque na execução já não existe, em rigor, *lide* (qualificada, na doutrina carnelutiana, por uma pretensão resistida e insatisfeita), na

medida em que foi composta pela sentença proferida pelo colegiado (título exequendo), nem são formuladas, em caráter compulsório, propostas tendentes a conduzir as partes à transação, inexiste razão lógica para a atuação dos vogais. A eventual presença desses representantes classistas na execução, aliás, renderia ensejo ao surgimento de graves transtornos procedimentais, porquanto os atos do juízo são, no geral, praticados em gabinete e não em audiência, o que imprime (ainda que em tese) maior celeridade ao procedimento. Destarte, o que o art. 659, II, da CLT fez foi nada mais do que render homenagem ao bom-senso, permitindo que o juiz, agindo singularmente, torne concreto o preceito sancionatório que se esplende do título executivo, como produto de uma deliberação do colegiado. A composição plurilateral do órgão de primeiro grau atende, conseguintemente, ao texto da Suprema Carta Política, que em momento algum é vilipendiado pela atuação monocrática do órgão, na execução.

Equivocou-se, pois, José Augusto Rodrigues Pinto ao asseverar que "não é do órgão jurisdicional trabalhista, mas do juiz que o preside, a competência para execução das decisões proferidas colegiadamente" ("Execução Trabalhista", São Paulo, LTr Edit., 1984, pág. 39); *venia concessa*, o juiz *também é órgão* da jurisdição, em que pese a sua atuação ser unipessoal no processo de execução. Juiz e órgão não são entidades que se contraponham; são conceitos provenientes de uma só fonte".

Entrementes, essas nossas considerações devem ser reformuladas, em parte, em virtude das alterações legislativas que ocorreram posteriormente a elas.

Desse modo, no que respeita aos órgãos de primeiro grau da jurisdição trabalhista, estes: a) deixaram de possuir composição colegiada, porquanto foi extinta a representação classista pela Emenda Constitucional n. 24, de 9 de dezembro de 1999; b) deixaram, em razão disso, de denominar-se "Juntas de Conciliação e Julgamento", passando a ser designados *Varas do Trabalho* (CF, art. 116). Logo, ficaram revogados todos os dispositivos da CLT que faziam alusão à composição pluripessoal dos órgãos de primeiro grau. Atualmente, esse órgão é monocrático.

Com respeito à nossa assertiva quanto a não possuírem as entidades sindicais legitimidade para promover ações de cumprimento fundadas em convenções ou acordos coletivos de trabalho também é reformulada, em decorrência da alteração do enunciado da Súmula n. 286 do TST. Como sabemos, essa Súmula, em sua redação original, não atribuía legitimidade aos sindicatos, com vistas ao exercício desse tipo de ação; todavia, por força da Resolução n. 98, de 11 de setembro de 2000, o TST, como dissemos, modificou o conteúdo da precitada Súmula, que passou a ser o seguinte: "A legitimidade do sindicato para propor ação de cumprimento estende-se também à observância de acordo ou de convenção coletivos".

2.2. Título extrajudicial

A Justiça do Trabalho, desde a sua origem, só previa a execução de títulos *judiciais*, conforme evidenciava a primitiva redação do art. 876 da CLT. Esses títulos eram: a) a sentença condenatória; ou b) a sentença homologatória de transação (acordo).

Os tempos, no entanto, são outros. Estamos, agora, sob uma nova realidade normativa — conquanto devamos esclarecer que se mantêm inalteradas as nossas opiniões, aqui manifestadas, concernentes à execução calcada em título *judicial*. Pois bem. A redação do art. 876 da CLT foi modificada pela Lei n. 9.958, de 12 de janeiro de 2000, que passou a prever a execução de títulos *extrajudiciais*. Não de todo e qualquer título dessa natureza, mas, apenas, daqueles a que a norma legal citada faz expressa referência, quais sejam: a) o termo de ajuste de conduta, firmado com o Ministério Público do Trabalho; b) o termo de conciliação, elaborado no âmbito das Comissões de Conciliação Prévia.

Doravante, pois, a Justiça do Trabalho possui competência, também, para promover a execução desses títulos extrajudiciais. O procedimento a ser observado, nesses casos, será por nós examinado mais adiante, em momento apropriado.

3. Ausência de identidade física

O art. 132, do CPC de 1973 estabelecia: "O juiz, titular ou substituto, que concluir a audiência julgará a lide, salvo se estiver convocado, licenciado, afastado por qualquer motivo, promovido ou aposentado, casos em que passará os autos ao seu sucessor". Aqui residia o que a doutrina passou a denomina de *princípio da identidade física do juiz.*

O CPC de 2015 não reproduziu essa regra.

Sendo a execução trabalhista mera fase ou desdobramento lógico do processo de conhecimento, quando se tratar de execução de título judicial é de bom proveito examinarmos se na execução incide o princípio da identidade física do juiz.

A Súmula n. 136, do TST, dispunha: "Não se aplica às Varas do Trabalho o princípio da identidade física do juiz", reproduzindo, desse modo, a Súmula n. 222, do STF: "O princípio da identidade física do juiz não é aplicável às Juntas de Conciliação e Julgamento da Justiça do Trabalho".

Posteriormente, o TST cancelou a Súmula n. 136, fazendo supor a determinados estudiosos que, a partir daí, o referido princípio seria admissível no processo do trabalho, a despeito de a Súmula n. 222, do STF, não ter sido cancelada ou modificada.

Essa dúvida foi desfeita pelo CPC de 2015, que, conforme dissemos, não manteve o princípio da identidade física do juiz

Uma das situações que, talvez, justificasse a aplicação desse princípio ao processo do trabalho poderia ocorrer em sede de embargos de declaração: neste caso, somente quem proferiu a sentença embargada poderia declarar qual o seu efetivo conteúdo, vale dizer, completar a prestação jurisdicional (omissão), aclarar o texto (obscuridade) ou torná-lo coerente (contradição).

4. Execução mediante carta. Embargos

Assunto que durante largo período atormentou a doutrina e a jurisprudência dizia respeito à competência para julgar os embargos oferecidos pelo devedor e por terceiro, na execução mediante carta precatória.

Separaremos os casos.

4.1. Embargos do devedor

A polêmica sobre a competência para julgar os embargos do devedor, oferecidos perante o juízo deprecado, encontrava a sua razão de ser na linguagem dubitativa do art. 747 do CPC de 1973, de acordo com o qual "na execução por carta os embargos do devedor serão oferecidos, impugnados e decididos no *juízo requerido*" (realçamos). A pergunta que, com insistência, se fazia era no sentido do que se deveria entender por juízo *requerido*: seria aquele ao qual se requereu a execução (ou seja, o deprecante), ou aquele a quem se deprecou a prática de certos atos executivos, como a penhora (deprecado)? Alguns entendiam que a competência, na hipótese, seria do juízo deprecado, argumentando que o art. 658 daquele Código — ao qual o art. 747 fazia expressa alusão — dispõe que os bens penhorados são alienados *no foro da situação*.

Essa controvérsia se espraiou ao processo do trabalho, pois o art. 769 da CLT permite a aplicação supletiva das normas integrantes do estatuto processual civil; dessa forma, ao invocar, em caráter supletório, a incidência do art. 747 do CPC, o intérprete trabalhista trasladava ao processo especializado não apenas aquele preceito forâneo, mas as dúvidas pertinentes ao senso que a sua literalidade procurava expressar.

Com o advento, porém, da Lei n. 6.830, de 22 de setembro de 1980, que regulou a cobrança judicial da Dívida Ativa da Fazenda Pública, a cizânia sobre o assunto foi desfeita, pois o art. 20 dessa lei estabelece que, na execução mediante carta (precatória), os embargos do devedor serão apresentados no juízo deprecado, "que os remeterá ao juízo deprecante, para instrução e julgamento". Estatui, por outro lado, o parágrafo único desse artigo que, se os embargos tiverem por objeto vícios ou irregularidades cometidas pelo próprio juízo deprecado, caberá a este julgar os embargos, no tocante a essa matéria.

Considerando que a Lei n. 6.830/80 é aplicável à execução trabalhista, *ex vi* do disposto no art. 889 da CLT, o critério para a fixação da competência para o julgamento dos embargos oferecidos pelo devedor, na execução por intermédio de carta precatória, se encontra assim estabelecido: a) por princípio, a competência é do juízo deprecante; b) exceto se os embargos se dirigirem a vícios ou irregularidades cometidos pelo juízo deprecado, hipótese em que a este incumbirá julgar apenas essa matéria.

Embora seja este, como dissemos, o critério legal — portanto, o único a ser observado na prática —, pensamos que em nome dos interesses essenciais da execução o legislador deveria ter atribuído, exclusivamente, ao juízo de origem (deprecante) a competência para julgar os embargos do devedor, na situação de que estamos a cuidar. A fragmentação de competência, por ele realizada, conduz a sérios transtornos de ordem prática, bastando ver que permite ao devedor oferecer, na verdade, *dois embargos* (ou, quando menos, um embargo fracionado em duas partes), um em face do juízo deprecante e outro do deprecado, o que conduz, inevitavelmente, ao proferimento de *duas sentenças* e à interposição de *dois recursos* de agravo de petição. Tudo isso, como é fácil perceber, acarreta profundas turbulências no procedimento e agride a necessidade de breve satisfação do preceito sancionatório que se abriga no título exequendo. Violenta, em resumo, a simplicidade do procedimento trabalhista.

Mais tarde, a Lei n. 8.953/94 alterou a redação do art. 747 do CPC de 1973, para adotar, *mutatis mutandis*, o mesmo critério de fixação da competência estabelecido pelo art. 20 da Lei n. 6.830/80, eliminando, assim, a imprecisão do texto primitivo.

No CPC de 2015, o tema é tratado no art. 914, § 2.º: "Na execução por carta, os embargos serão oferecidos no juízo deprecante ou no juízo deprecado, mas a competência para julgá-los é do juízo deprecante, salvo se versarem unicamente sobre vícios ou defeitos da penhora, da avaliação ou da alienação dos bens efetuadas no juízo deprecado".

Para o efeito de supressão da lacuna existente no processo do trabalho, a preeminência supletiva, conforme afirmamos, é da Lei n. 6.830/80, art. 20.

4.2. Embargos de terceiro

Estes embargos, disciplinados pelo processo civil (arts. 674 a 681), são admissíveis no do trabalho, uma vez que ausente o obstáculo da incompatibilidade (CLT, art. 769). A CLT faz breve referência a esses embargos no art. 896, § 2.º, que versa sobre a interposição de recurso de revista de decisão proferida no processo de execução.

Muita disputa se travou, nos sítios do processo do trabalho, quanto à competência para julgar os embargos oferecidos por terceiro na execução mediante carta.

Aceso ainda se encontrava o debate quando o antigo Tribunal Federal de Recursos adotou a Súmula n. 33, para estatuir que o "juízo deprecado, na execução por carta, é o competente para julgar os embargos de terceiro, salvo se o bem apreendido foi indicado pelo juízo deprecante".

A regra, pois, enunciada na Súmula é de que compete ao juízo deprecado julgar os embargos apresentados por terceiro; caso, entretanto, o bem arrestado, penhorado etc. tenha sido indicado pelo deprecante, a este caberá julgar os referidos embargos.

A regra e a exceção estampadas na Súmula n. 33 do extinto TFR nada mais representavam do que uma interpretação didática do art. 1.049 do CPC de 1973, a teor do qual os embargos de terceiro se processavam "em autos distintos *perante o mesmo juiz que ordenou a apreensão*" (destacamos). O critério, aqui, era o da autoridade que determinara a apreensão dos bens: como, em geral, essa ordem era emitida pelo juízo *deprecado*, a este competia julgar os embargos que o terceiro viesse a oferecer (princípio); tendo sido os bens *indicados* pelo juízo deprecante, entendia-se que o ato de constrição emanara, diretamente, dele (e não do deprecado), motivo por que se abandonava o princípio e, aberta a exceção, fixa-se a competência do deprecante.

O CPC de 2015 manteve a regra do art. 1.049, do CPC de 1973, conforme revela o seu art. 676: "Os embargos serão distribuídos por dependência ao juízo que ordenou a constrição e autuados em apartado".

Essa partição de competência, trazida pela Súmula n. 33, do extinto TFR, em questão, não deve, contudo, receber comentários encomiásticos, pois, no campo prático, produzia os mesmos inconvenientes apresentados pelo fracionamento da competência relativa aos embargos do devedor, que pudemos demonstrar na letra anterior (*a*). Melhor teria sido, por isso, que se outorgasse apenas ao juízo *deprecado* a competência para julgar os embargos manifestados pelo terceiro, até porque também não nos parece dotado de nítida juridicidade o critério de dar-se competência ao deprecante pelo simples fato de haver *apontado* os bens a serem arrestados ou penhorados.

Sendo a CLT e a Lei n. 6.830/80 omissas sobre o tema, a regra a aplicar-se ao processo do trabalho é a inscrita no art. 676, do CPC, por forma a entender-se que a competência para julgar os embargos oferecidos por terceiro, em carta precatória, é: a) do juízo deprecado (princípio), exceto se b) os bens tenham sido indicados pelo juízo deprecante, ou a carta já tenha sido devolvida, quando, então, a este competirá proceder ao julgamento dos referidos embargos (exceção).

Capítulo X

Interesse processual

1. Introdução

O interesse processual significa que, sem a intervenção dos órgãos jurisdicionais, o autor sofreria um dano ou não teria reparado o dano sofrido (Chiovenda, "Princípios", vol. I, pág. 200).

A respeito dessa condição da ação, cindiu-se a doutrina; de um lado, postaram-se os autores para os quais o interesse em invocar a tutela jurisdicional do Estado decorre da *necessidade* de obter-se o pronunciamento estatal; de outro, os que entendem provir esse interesse da *utilidade* que a intervenção jurisdicional propicia ao autor. Essas posições doutrinárias não ficam circunscritas ao campo das meras abstrações, se não que repercutem no plano prático. Basta ver que, de acordo com a primeira, toda vez que o indivíduo não conseguir uma solução extrajudicial para o conflito de interesses em que se encontra envolvido, aí nascerá o seu interesse em solicitar a atuação dos órgãos jurisdicionais, com a finalidade de solver o litígio; a prevalecer, no entanto, a opinião da segunda corrente, não bastaria — para configurar o interesse de agir em juízo — a simples necessidade de obter a tutela jurisdicional, tornando-se indispensável que a sentença seja efetivamente útil às pretensões manifestadas pelo autor.

A qual dessas concepções doutrinárias se teria filiado o processo civil brasileiro? A julgar pelo parágrafo único do art. 20 do CPC, cremos que a ambas. Sem embargo, estabelece essa norma legal ser admissível a ação declaratória mesmo que já se tenha consumado a violação do direito. Ora, como anota Moniz de Aragão, conquanto com vistas ao CPC de 1973, "Se a lei reputasse válida a opinião dos que se filiam à primeira corrente, não haveria necessidade da regra inscrita no art. 4º, parágrafo único, pois para estes é evidente que basta a simples necessidade de entrar em juízo para estar preenchido o requisito do interesse; se a lei faz o esclarecimento referido no mencionado texto, é porque reconhece que, sem essa ressalva, a ação declaratória não poderia ser proposta. Logo, esse dispositivo cria exceção à regra geral, a qual consiste na segunda teoria acima indicada" (obra cit., pág. 440).

Embora o interesse processual figure, modernamente — por influência do pensamento de Liebman —, como uma das condições da ação (CPC, arts. 17 e 485, VI), cuja inexistência, em dado caso concreto, implicará a extinção do processo sem julgamento do mérito, no passado algumas vozes de peso não viam razão de ser do interesse, como entidade autônoma.

Invrea, *v. g.*, em trabalho dado a lume no ano de 1928, refutou a existência do interesse como requisito para ingressar em juízo. Segundo esse jurista, a noção de interesse era despicienda, redundante, pois o interesse estaria intimamente ligado ao próprio exercício do direito de ação, ou seja, implícito no ato de o indivíduo invocar a intervenção jurisdicional do Estado. Invrea combateu a opinião de Mortara e de Chiovenda, afirmando que, como o princípio da liberdade jurídica não deve ser objeto de restrições desnecessárias, é imperativo que haja o que chamou de *razão jurídica* para ser aceita essa limitação. Na pena desse autor, a *razão jurídica* derivava do fato de o réu haver cometido uma violação de direito (devendo, por isso, suportar as consequências desse ato) ou da necessidade de o autor alcançar uma sentença com a finalidade de fazer atuar o direito; conclui Invrea que o direito de ação pode ser exercido independentemente de investigar-se a presença de eventual interesse, sendo suficiente, para o ingresso em juízo, que haja: a) um direito material da parte; e b) uma causa legítima de agir contra certa pessoa ("Rivista di Diritto Processuale Civile", 1928, Parte l, pág. 320).

Merece reparo o pensamento de Invrea. Em primeiro lugar, o exercício do direito de ação não se subordina — como imaginou — à preexistência de um direito material. Essa concepção civilista da ação foi fulminada por Adolfo Wach, já em 1885, que argumentou com a ação declaratória *negativa*, destinada, por excelência, a obter um pronunciamento jurisdicional no sentido da *inexistência de direito material* (ou de relação jurídica); em segundo, o pressuposto da causa legítima, idealizado por Invrea, é falso, porque para agir em juízo não é suficiente que exista essa *causa legítima*: é fundamental que a parte contrária não tenha desejado reparar, de maneira espontânea, a lesão perpetrada ao direito do autor.

Francesco Carnelutti também recusou ao interesse de agir em juízo qualquer importância científica. Para o ilustre jurista italiano, o interesse nada mais representava do que um reflexo da própria lide: "Quando se diz, pois, que existe uma lide (...) e que, em respeito a ela, se deve encontrar naquela relação, que constitui a *legitimatio*, já se disse tudo, motivo por que o interesse de agir se apresenta apenas como a quinta roda do carro(...)" ("Lite e Processo", *in* Studi di Diritto Processuale, vol. III, pág. 21), arrematando: "Se, pois, se considera o próprio processo, não só a lide é uma condição do interesse de agir, mas a sua existência absorve esse inútil requisito: os pressupostos da ação são portanto estes dois: a lide e a legitimação" (*idem, ibidem)*.

Sem razão, contudo, Carnelutti, ao declarar que os pressupostos da ação são a lide e a legitimação, pois, com isso, deixa sem resposta os casos em que, mesmo inexistindo lide, o autor possui interesse em ingressar em juízo, como ocorre nas situações caracterizadoras de típica administração pública de interesses privados (Frederico Marques), a que se tem denominado, impropriamente, "jurisdição voluntária" (*sic*). Além disso, a legitimação, por si só, não fornece a necessária medida do interesse de impetrar a tutela jurisdicional. São frequentes os casos em que a parte, a despeito de encontrar-se legitimada, não possui interesse processual. Mencionemos, *e. g.*, o empregado que ajuíza ação visando a receber salários, cujo prazo de pagamento ainda não está vencido. É evidente a falta de interesse, nesta hipótese.

2. O interesse processual na execução

O interesse do autor, no processo de conhecimento, não coincide com o que em geral é manifestado na execução; enquanto lá ele colima uma sentença que lhe reconheça o direito alegado, aqui o seu interesse decorre do fato de o réu (devedor) não haver cumprido a obrigação materializada no título judicial exequendo. O inadimplemento do devedor, portanto, não constitui apenas um dos requisitos necessários para promover qualquer execução, se não que a própria medida do interesse do credor em realizá-la. Dessa maneira, se o devedor satisfizer, *sponte sua*, a obrigação, isso fará desaparecer o interesse do credor em dar início à execução, ou nela prosseguir, conforme tenha sido o momento em que a obrigação foi voluntariamente cumprida. Se, nada obstante, o credor promover a execução, deverá o juiz declará-lo carecedor da ação, com a consequente extinção do processo — neste caso *com* julgamento do mérito, em consonância com a dicção do art. 924, II, do CPC. O art. 788 do referido Código, aliás, ao advertir que o credor não poderá iniciar a execução, ou nela prosseguir, se o devedor cumprir a obrigação, nada mais está fazendo do que declarar a falta de interesse de agir do credor. O que se admite é que ele recuse o recebimento da prestação, fixada no título executivo, se esta não corresponder ao direito ou à obrigação (*ibidem*).

Indicaremos, a seguir, mais alguns casos em que faltará ao credor o necessário interesse para intentar a execução:

a) quando o devedor obtém, por transação ou por qualquer outro meio, a remissão integral da dívida (CPC, art. 924, III);

b) o credor renunciar ao crédito (art. 924, IV);

c) o devedor não possuir bens livres e desembargados para adimplir a obrigação (hipótese em que o juiz deverá suspender a execução, como determina a Lei n. 6.830/80, art. 40);

d) o credor, antes de cumprir a sua obrigação, exigir o implemento da afeta ao devedor, se este se dispuser a satisfazer a prestação (mediante meios reputados idôneos, pelo juiz) e aquele recusar a oferta, sem justo motivo (CPC, art. 787);

e) houver penhora suficiente, em dinheiro, e o credor requerer a substituição, *e. g.*, por bem imóvel;

f) o credor requerer a penhora de bens do sócio da empresa devedora, possuindo esta bens, o quanto bastem, para solver a obrigação;

g) for requerida a execução *definitiva*, pendendo a sentença exequenda de recurso (admitido, embora, no efeito "devolutivo").

Não nos aprofundemos em considerações casuísticas; os exemplos que acabamos de indicar bem se prestam para demonstrar que o interesse processual não está adstrito aos processos de conhecimento e cautelar, sendo exigível igualmente no de execução. Constituindo a execução também modalidade de ação, é compreensível que se deva examinar, em cada caso, se o interesse processual, por parte do credor, está presente ou não.

Quando se fala em interesse processual — mesmo na execução —, não se pode deixar de analisar três relevantes aspectos desse assunto, a saber: a) o momento processual em que deve estar presente o interesse; b) o momento em que deve ser verificada a existência do interesse; c) o momento em que a falta de interesse de agir deve ser alegada.

a) Aparentemente, o interesse deveria existir no instante em que a ação é ajuizada (ou a execução promovida), de acordo com a regra do art. 17 do CPC; parece-nos, entretanto, que o interesse deve estar presente, isto sim, *no momento em que a sentença* é *proferida*. Dessa forma, se ele existia à época do ingresso em juízo, mas desaparecera na oportunidade da prolação da sentença, a ação deverá ser repelida por falta de uma das suas condições: o interesse processual; em sentido inverso, se o interesse *não* existia quando do aforamento da ação, mas surgiu na fase de decisão da causa, terá o autor (ou o exequente) atendido a essa condição, motivo por que não deverá ser declarado carecedor da ação. Digamos, por exemplo, que o credor dê início à execução, sem que o devedor seja ainda inadimplente (CPC, art. 786, *caput*); nesse caso, se a dívida vencer-se no curso da execução, o credor não deverá ser declarado carecente de interesse processual, porquanto esse interesse, embora não existisse no início da execução, surgir no curso desta. Se, por outro lado, quando do início da execução o credor se encontrava em estado de inadimplência, vindo, porém, a solver a obrigação antes da sentença resolutiva dos embargos, é elementar que o devedor deverá ser declarado carecedor de interesse processual, sendo a execução extinta em decorrência do pagamento (CPC, art. 924, II).

A nossa opinião de que o interesse deve estar presente no momento em que a sentença é elaborada está em harmonia não apenas com a manifestação doutrinária predominante, se não que com o próprio mandamento legal, insculpido no art. 493 do CPC, a teor do qual "Se, depois da propositura da ação, algum fato constitutivo, modificativo ou extintivo do direito influir no julgamento do mérito, caberá ao juiz tomá-lo em consideração, de ofício ou a requerimento da parte, *no momento de proferir a decisão"* (destacamos).

Na espécie de que nos estamos a ocupar, o fato extintivo do direito de ação seria a inexistência do interesse processual.

b) No processo do trabalho, como não há uma fase destinada ao saneamento processual, o juiz deverá examinar o problema da falta de interesse de agir na primeira oportunidade em que disso tomar ciência, seja por sua iniciativa ou a requerimento da parte contrária. De qualquer modo, prevalece o mandamento legal de que o juiz conhecerá, de ofício, *em qualquer tempo* e grau de jurisdição, enquanto não proferida a sentença de mérito, da inexistência de interesse ou de qualquer outra condição da ação (CPC, art. 485, § 3.º).

O importante, em suma, é fixar-se a regra segundo a qual o juiz poderá, em qualquer momento da execução, examinar se o interesse processual está presente ou não. Essa investigação judicial tem, portanto, início no instante mesmo em que a execução é promovida, estendendo-se até a fase de alienação dos bens penhorados, conquanto a oportunidade legal, por excelência, seja a do proferimento da sentença resolutiva dos embargos oferecidos pelo devedor.

É conveniente esclarecer que a ausência de interesse processual pode abranger a execução como um todo, ou referir-se apenas a determinado *ato executivo*. No primeiro caso, encaixa-se a transação realizada pelas partes (posteriormente à prolação da sentença exequenda), que, como negócio jurídico bilateral, é causa extintiva da execução (CPC, art. 924, II); no segundo, a inexistência de bens livres e desembargados, em número suficiente para satisfazer a obrigação. Se o devedor não possui bens, qual seria o interesse do credor em prosseguir em uma execução que não lhe traria qualquer resultado econômico ou patrimonial útil? Verificada a hipótese, pois, agirá o juiz com bom senso se, invocando a lei incidente, ordenar a suspensão da execução, pelo prazo de um ano (Lei n. 6.830/80, art. 40, § 2.º) e o arquivamento dos autos, após o decurso desse prazo (*ibidem*).

c) Segundo o princípio doutrinário da eventualidade (CPC, art. 336), que é também aplicável ao processo de execução, incumbe ao devedor, no ensejo dos embargos que oferecer, alegar toda a matéria de defesa. É certo que tais embargos não traduzem contestação, nem recurso, mas ação incidental do devedor. Mesmo assim, a prudência sugere que ele alegue toda a matéria necessária à realização da defesa dos seus direitos e interesses, em face da execução.

Não há dúvida de que a ausência de interesse processual do credor se insere no elenco das matérias que podem ser aventadas em sede de embargos, em que pese à omissão, no particular, dos arts. 884, § 1.º, da CLT; 525, § 1.º, e 917, do CPC.

Sendo assim, o momento oportuno para o devedor denunciar a falta de interesse processual do credor é o dos embargos à execução, do mesmo modo como será o da contestação, no processo cognitivo (CPC, art. 337, XI). É claro que, se o interesse deixar de existir posteriormente à fase de embargos, isso não impedirá o devedor de alegar tal fato: por outro lado, ainda que o interesse venha a cessar antes do oferecimento dos embargos, o devedor poderá suscitar a questão depois dos embargos, porquanto esse interesse constitui uma das condições da ação de execução, e a sua falta poderá ser alegada mesmo fora do momento processual oportuno. Dessa matéria, a propósito, o juiz poderá conhecer, *ex officio*, a qualquer tempo e em qualquer grau de jurisdição, exceto se sobre ela se pronunciou anteriormente (CPC, art. 485, § 3.º).

Dentro do tema de que estamos a tratar, não poderíamos deixar de examinar o problema da admissibilidade, ou não, da *assistência* na execução, pois isso se relaciona, intimamente, com o requisito do *interesse*. Será esse, portanto, o objeto de nosso próximo passo.

Dispõe o art. 119, do CPC, que "Pendendo causa entre 2 (duas) ou mais pessoas, o terceiro juridicamente interessado em que a sentença seja favorável a uma delas poderá intervir no processo para assisti-la". Sob o rigor da expressão literal desse preceito normativo, seria de entender-se que a assistência é cabível apenas no processo de conhecimento, tanto que no parágrafo único da norma transcrita se declara que a assistência terá lugar em qualquer dos tipos de *procedimento* (isto é, ordinário ou sumário) e em todos os graus de jurisdição (vale dizer, inclusive nas ações de competência originária dos tribunais). Perceba-se que o legislador não fez menção a *processo* e sim a *procedimento*, porquanto, se o fizesse, estaria implícito o cabimento da assistência nos processos de conhecimento, de execução e cautelar. A despeito do acerto de uma interpretação dessa ordem, a doutrina processual vem admitindo a assistência (simples ou adesiva) também na execução.

Pelo que nos cabe opinar, pensamos que se possa admitir, em princípio, a assistência *simples* no processo de execução trabalhista, embora reconheçamos que a utilidade prática, para o interveniente, será mínima diante do fenômeno da coisa julgada material, condensado no título exequendo. É provável, p. ex., que determinada entidade sindical, fazendo prova do seu interesse jurídico em assistir ao empregado-credor, seja admitida a intervir nos autos em prol deste. A intervenção, no caso, seria simples (também dita adesiva) e não litisconsorcial (ou qualificada), esta regida pelo art. 124 do Código. Tostes Malta e Silva Júnior, por sua parte, entendem ser admissível a assistência na fase de liquidação da sentença, argumentando que "o assistente do devedor, entre outras hipóteses que se podem imaginar, terá interesse em que o *quantum* da condenação seja fixado no mínimo possível ("Você Conhece Execução Trabalhista?", Rio: Editora Rio, 1976, pág. 22). *Data venia* dos ilustres autores, a hipótese por eles concebida põe em evidência apenas o interesse econômico do assistente (basta ver que falam em *quantum*); dessa forma, ficam a dever-nos uma explicação de como admitiriam tal intervenção, quando a própria norma legal enfatiza que o interesse capaz de justificar a interveniência deve ser (unicamente) *jurídico* (CPC, art. 119, *caput*) — em regra que foi respeitada pela Súmula n. 82 do TST, assim enunciada: "A intervenção assistencial, simples ou adesiva, só é admissível se demonstrado o *interesse jurídico* e não o meramente econômico " (realçamos).

Não desconcordamos em que a assistência simples na fase de liquidação seja teoricamente admissível, desde que atendido o requisito do interesse jurídico; em concreto, contudo, essa intervenção dificilmente ocorrerá, seja em virtude do desinteresse daquele que estaria legitimado a intervir, seja em decorrência da celeridade com que a liquidação se processa, seja, até mesmo, em razão da insciência do eventual interessado quanto à possibilidade de intervir como assistente. Pessoalmente, julgamos ser desaconselhável o incentivo a essa intervenção assistencial na execução, pois isso poderia acarretar certos entraves ao atingimento do objetivo desse processo, ao permitir que terceiro se intrometa em um dos polos da relação processual executiva.

Capítulo XI

Requisitos necessários para promover a execução

1. Introdução

Tanto no processo civil quanto no do trabalho, a possibilidade de promover-se qualquer execução está condicionada à concorrência de dois requisitos fundamentais: a) o inadimplemento do devedor; e b) a existência de título executivo (CPC, arts. 515 e 786).

A locução legal "qualquer execução" significa exatamente aquilo que a sua literalidade sugere, vale dizer, que esses dois requisitos são *indispensáveis* à realização das execuções em geral, tenham elas por objeto uma obrigação de dar (dinheiro ou coisa), de fazer ou de não fazer.

Na verdade, os pressupostos do inadimplemento do devedor e do título executivo são *específicos*, porquanto a execução, como as ações em sentido amplo, não dispensa a presença do interesse de agir, da legitimidade *ad causam* e da viabilidade jurídica do pedido, ou seja, das condições necessárias ao exercício do direito de invocar a tutela jurisdicional do Estado.

Interessam mais diretamente ao estudo da matéria, entretanto, os requisitos específicos a que nos referimos há pouco; a eles dedicaremos, por isso, este Capítulo.

2. Inadimplemento do devedor

Como dilucida Alcides de Mendonça Lima, disposições respeitantes ao adimplemento ou inadimplemento de obrigações não deveriam ser introduzidas no corpo de estatutos processuais, aos quais são tecnicamente estranhas (obra cit., pág. 268). Realmente, esse assunto pertence ao direito material, pouco importando a espécie de obrigação que tenha sido descumprida. Apesar disso, devemos reconhecer que o legislador processual assim agiu com o escopo de estabelecer um critério objetivo, ao qual deveria submeter-se todo aquele que desejasse promover qualquer espécie de execução. Esse critério (ou pressuposto) foi o do inadimplemento do devedor — ao qual se soma o da existência de título executivo.

Embora o verbo *inadimplir* traduza, na terminologia do processo, o ato pelo qual o devedor deixa de cumprir uma obrigação, devemos ponderar que o inadimplemento, em sua significação plena, só se configura quando a obrigação deixar de ser: a) cumprida em sua modalidade típica (pagar quantia certa, fazer, não fazer, entregar coisa); b) no prazo legal; c) no lugar estabelecido; d) de acordo com as demais condições constantes do título executivo.

No processo do trabalho, *e. g.*, quando as partes transacionam, costuma-se fixar dia, hora e local em que a obrigação deverá ser satisfeita. Em muitos desses casos, o devedor cumpre a obrigação no dia e no local estabelecidos, porém, fora do horário previsto. Diante disso, o credor, após receber o valor que lhe foi colocado à disposição, pelo devedor, requer a execução da cláusula penal ajustada, sob o argumento de que a obrigação não foi cumprida na hora avençada. Conquanto possa parecer injusta essa atitude do credor, não podemos deixar de reconhecer que o direito lhe assiste, pois o horário constitui, sem dúvida, uma das *condições* segundo as quais o devedor se obrigou. Se, em determinado caso, as partes não fixarem o horário em que a obrigação deverá ser adimplida, entende-se que o devedor poderá solvê-la até o final do expediente forense; caso o expediente seja encerrado antes do horário normal (em virtude de algum fato extraordinário), e antes do horário em que a obrigação deveria ser satisfeita, pensamos que ela poderá ser cumprida no primeiro dia útil subsequente, até o horário anteriormente estipulado.

Levando em conta as considerações que acabamos de formular, agirá com justificável prudência o devedor se, comparecendo a juízo no horário fixado para o cumprimento da obrigação, e lá não estando o credor, solicitar que a secretaria da Vara certifique esse fato nos autos, a fim de evitar que, mais tarde, o credor venha a alegar que a obrigação foi realizada fora do horário estabelecido, e, em consequência, solicite a execução da cláusula penal instituída.

O adjetivo *inadimplente*, aliás, deve ser entendido em seu duplo senso: a) inadimplemento absoluto; e b) inadimplemento-mora, subdividindo-se o primeiro em a.a) total e a.b) parcial. No *inadimplemento absoluto*, não houve o cumprimento da obrigação, nem poderá havê-lo, em decorrência, p. ex., do perecimento do objeto, de culpa do credor etc.; no *inadimplemento-mora*, a obrigação não foi cumprida no lugar, no tempo ou na forma convencionada, embora permaneça a possibilidade de ser satisfeita. No adimplemento absoluto *total* a obrigação deixou de ser cumprida em sua integralidade, ao passo que no absoluto *parcial* o inadimplemento atingiu apenas parte da obrigação.

Pontes de Miranda, com habitual mestria, alerta ao fato de inexistir sinonímia entre os conceitos de dívida e de obrigação: "Quem deve está em posição de ter o *dever* de adimplir, mas pode não estar obrigado a isso. Então, há o dever, e não há a obrigação (...). Quem deve, e não é obrigado, não pode ser constrangido a adimplir, *nem sofre consequências* do inadimplemento (...). Quem deve e não está obrigado, como quem deve e está obrigado, e presta, satisfaz e libera-se. Se deve e não está obrigado, e não inadimple, nada pode contra o devedor, o credor. Se deve, e está obrigado, e não adimple, incorre em mora. Expõe-se a que o credor exerça o direito de resolução ou de resilição por inadimplemento" ("Tratado", 26, § 3.102, pág. 5, n. 1).

Verificado o inadimplemento do devedor, a norma processual atribui ao credor a faculdade de deduzir a correspondente pretensão executiva, com o objetivo de fazer com que o devedor seja levado a satisfazer, coercitivamente, a obrigação materializada no título exequendo. Sem que tenha ocorrido o inadimplemento, o credor não poderá, portanto, promover a execução, sob pena de vir a ser declarado carente dessa ação, dada a manifesta ausência de interesse de agir em juízo; via de consequência, deverá ser extinto o processo, sem pronunciamento acerca do "mérito" (CPC, art. 485, VI). Por outro lado, o cumprimento da obrigação, pelo devedor, impede o início da execução, ou o seu prosseguimento — conforme tenha sido o momento em que o devedor se desobrigou —, como adverte o art. 788 do CPC; para que a prestação realizada pelo devedor se revista dessa eficácia extintiva da execução (CPC, art. 924, II), torna-se imperativo que ela corresponda ao direito ou à obrigação derivante do título executivo; caso isso não aconteça, permite a lei que o credor requeira a execução (CPC, art. 788, *caput*, parte final), nada obstante se reserve ao devedor a possibilidade de oferecer embargos no momento oportuno (*ibidem*).

Para que o credor possa exigir o adimplemento da obrigação, esta deve apresentar-se de maneira *líquida*, ou seja, *certa* quanto à sua existência e *determinada* em relação ao seu objeto. Sendo ilíquida a obrigação, impede-se que o credor exija o seu cumprimento; é que, no caso, a imprecisão do *quantum debeatur* faz com que o título se torne inexigível — fato que poderá ser alegado pelo devedor mediante os embargos que lhe são próprios (CPC, art. 917, I).

Sempre que for defeso a um contraente, antes de cumprida a sua obrigação, exigir o implemento da do outro, não se realizará a execução, se o devedor se propõe a satisfazer a obrigação, com meios reputados idôneos pelo juiz, mediante a execução da contraprestação pelo credor, e este, sem justo motivo, recusar a oferta (CPC, art. 787). Vem da lei, a propósito, o dever de o credor, na espécie focalizada, provar que adimpliu a contraprestação, que lhe corresponde, ou que lhe assegura o cumprimento, se o devedor não for obrigado a cumprir a sua prestação senão mediante a contraprestação daquele (CPC, art. 798, I, "d"). O devedor poderá, todavia, liberar-se da obrigação depositando em juízo a prestação ou a coisa; nessa hipótese, o juiz suspenderá a execução, não permitindo que o credor a receba, sem adimplir a contraprestação que lhe estiver afeta (CPC, art. 787, parágrafo único).

Para que a execução não se realize, pois, na situação em exame: a) é necessário que o devedor se proponha a satisfazer a obrigação, com meios que o juiz considere idôneos, mediante a contraprestação que incumbe ao credor; b) este, sem razão legal, recuse a oferta; *a contrario sensu*, a execução *poderá ser realizada* se: a) o devedor não se dispuser a cumprir a obrigação; b) propondo-se, deixar de indicar os meios com que o fará; c) indicando-os, estes vierem a ser julgados inidôneos pelo juiz; d) sendo idôneos, o credor recusar a oferta *com* justo motivo.

Toda vez que o credor, sem cumprir a prestação que lhe cabe, exigir o cumprimento da que toca ao devedor, este poderá, no ensejo dos embargos que vier a oferecer, alegar o *excesso de execução* (CPC, art. 917, § 2.º, IV).

Ilustremos com um exemplo.

Em alguns casos de transação judicial, autor e réu estabelecem prestações recíprocas, cuja realização deverá ocorrer em épocas distintas: o réu obriga-se a pagar ao autor certa quantia no dia 14 de dezembro; este, em contrapartida, obriga-se a restituir àquele, até o dia 10 de outubro do mesmo ano, alguns bens que se encontram em seu poder (pertencentes ao réu) e que estão perfeitamente individualizados no termo de transação. Por força desse negócio jurídico bilateral, conseguintemente, o autor apenas poderá exigir do réu o cumprimento da obrigação por este assumida (de pagar quantia certa) se, *antes*, efetuar a contraprestação que lhe corresponde (devolver os bens descritos no termo). Desse modo, se o autor promover a execução contra o réu, sem haver ainda adimplido a obrigação que lhe estava afeta, propiciará a que este, na oportunidade dos embargos, argua o *excesso de execução*. A hipótese, como se percebe, é semelhante à da *exceptio non adimpleti contractus* comumente oponível no processo de conhecimento, sempre que a cláusula integrar o negócio jurídico que deu origem ao conflito de interesses. No exemplo fornecido, o réu estaria, de certa forma, ao alegar o excesso de execução, opondo a *exceptio non adimpleti contractus* ao autor, tomando-se aqui como contrato a cláusula a que este se obrigara na transação judicial realizada, consistente na devolução dos bens pertencentes ao réu. É óbvio que o réu não poderia opor tal cláusula se: a) a sua prestação devesse ser realizada *antes* da que cabia ao autor; b) o próprio réu desse causa a que o autor não pudesse cumprir a obrigação, mesmo que devesse ser realizada *antes* da que correspondia ao réu.

3. Título executivo

3.1. Títulos judiciais

3.1.1. Sentença transitada em julgado

A CLT se refere a "decisões passadas em julgado", às quais pespega eficácia executiva (art. 876); aí estão compreendidas as sentenças (decisões de primeiro grau) e os acórdãos (decisões dos órgãos superiores da jurisdição).

Essa dicção do texto trabalhista, no entanto, está a merecer, na atualidade, um pequeno reparo doutrinário, uma vez que encerra algo de restritivo, que não se coaduna com a própria intenção do preceito legal nem com os modernos conceitos científicos. Efetivamente, *decisão* (em sentido amplo) transitada em julgado é aquela "*não mais* sujeita a recurso" (CPC, art. 502); a locução legal *não mais* indica, com clareza, que a decisão, antes de submeter-se ao fenômeno jurídico da coisa julgada material, *era recorrível*; daí a norma processual haver aludido a *não mais*. Sendo assim, uma interpretação rigorosamente literal do dispositivo em questão poderia levar à imperfeita conclusão de que não seriam susceptíveis de execução aquelas sentenças proferidas nas denominadas causas de alçada exclusiva dos órgãos de primeiro grau, instituídas pela Lei n. 5.584, de 26 de junho de 1970 (art. 2.º, § 4.º), *justamente porque elas não pressupõem o decurso, em branco, do prazo para um exercício de pretensão recursal*. Referidas sentenças trazem em si, peculiarmente, o atributo legal da irrecorribilidade, que lhes é ontológico, ou seja, lançadas essas sentenças nos autos, nasce com elas o veto da lei à possibilidade de serem impugnadas pela via recursal. Logo, depara-se-nos desacertada a assertiva doutrinária vogante de que tais sentenças transitam em julgado no instante mesmo em que são proferidas; não *transitam*: são, já em sua origem, irrecorríveis, o que é coisa diversa. A única possibilidade de cogitar-se de trânsito em julgado dessas sentenças ocorrerá se elas contrastarem com a Constituição da República, pois nesse caso a Lei n. 5.584/70 permite a interposição de recurso (extraordinário) ao STF.

O importante, enfim, a deixar-se registrado é que as sentenças irrecorríveis constituem — até por mais forte razão — títulos executivos, para os efeitos do art. 876 da CLT.

Estivemos, até este momento, com a atenção concentrada na execução *definitiva* (CPC, art. 523, tanto que nos ocupamos a manejar o conceito de trânsito em julgado (ou de coisa julgada); ainda, porém, que a decisão não tenha passado em julgado, ensejará a execução, que nesse caso será *provisória*). É a elas que se refere a expressão "ou das quais não tenha havido recurso com efeito suspensivo", introduzida no art. 876 da CLT.

O art. 515, I, do CPC considera exequíveis somente as sentenças *condenatórias;* é necessário, pois, precisarmos o exato conceito jurídico dessa espécie de pronunciamento jurisdicional, distinguindo-o dos demais. Segundo seja a natureza da ação aforada — processo de conhecimento —, será a da sentença que vier a ser aí proferida; daí existirem, legal e doutrinariamente identificadas, sentenças: a) declaratórias; b) constitutivas; e c) *condenatórias* — embora Cintra, Grinover e Dinamarco observem, com propriedade, que essa classificação não se harmoniza com a teoria abstrata da ação, tomada em sua pureza, "pois, segundo tal posição, esta não se caracteriza em sua essência pelos elementos identificadores, sendo inadequado falar em 'ações', no plural" (obra cit., pág. 232). Alguns autores incluem, ainda, as ações *mandamentais,* como Goldschmidt, para quem essa modalidade de ação tem por objeto "obter um mandado dirigido a outro órgão do Estado por meio de sentença judicial" ("Derecho Procesal Civil", Barcelona: 1936, pág. 113). Certos setores da doutrina têm dirigido críticas à categorização dessas ações como espécie distinta, no plano do processo de conhecimento, como assinala Celso Agrícola Barbi: "Assim se vê que a categoria de ações e sentenças mandamentais só pode ser admitida em outra classificação, na qual o elemento diferenciador seja a existência, ou não, de um mandado a outro órgão do Estado", (obra cit., pág. 57). Nós mesmos perfilhávamos este entendimento; todavia, reformulamos nossa opinião, passando a admitr, como classe distinta, as ações mandamentais, nas quais a ordem judicial é o objeto exclusivo da ação.

a) Na ação *declaratória*, pretende o autor obter um provimento jurisdicional que declare: a.a) a existência ou inexistência de relação jurídica (vínculo de emprego com o réu, *v. g.*), ou do modo de ser dessa relação ou a.b) a autenticidade ou a falsidade de documento (CPC, art. 19, I e II), sendo possível o uso dessa ação ainda que já tenha ocorrido a lesão do direito (art. 20).

Em rigor, o objeto da ação declaratória é mais amplo do que o referido pelo legislador, uma vez que por meio dela também será possível, p. ex., obter declaração de nulidade de cláusula contratual ou de instrumento normativo sindical (acordo ou convenção coletiva de trabalho).

Reconhecida a existência de relação jurídica, a sentença será declaratória *positiva*; se concluir, ao contrário, pela inexistência dessa relação, será declaratória *negativa*. Dois breves comentos se fazem aconselháveis neste instante. Em primeiro lugar, quando a pretensão do autor visar à declaração de autenticidade ou de falsidade documental, a sentença declaratória, em qualquer caso, será de conteúdo *positivo*, porquanto dirá se o documento é autêntico, ou é falso; em segundo, será sempre declaratória negativa a sentença que rejeitar os pedidos formulados pelo autor, mesmo em ação de natureza diversa (digamos que ele buscasse a *condenação* do réu e a sentença não acolhesse esse pedido).

As sentenças meramente declarativas, por isso, não constituem título executivo, valendo como simples preceito, com resultado normativo em relação àquilo que foi objeto da declaração; via de regra, se o autor desejar fazer valer o direito que foi declarado por essa classe de sentença deverá invocar, mais uma vez, a tutela jurisdicional do Estado, procurando alcançar, desta feita, um provimento condenatório, que o autorizará, mais tarde, a deduzir uma pretensão executiva.

b) Na ação *constitutiva*, o que o autor colima é uma sentença que constitua, modifique ou extinga tanto uma relação jurídica quanto uma situação jurídica; essa espécie de sentença, todavia, opostamente à declaratória, não *cria* o direito — que preexistia à sua prolação —, limitando-se a reconhecer a existência anterior do direito invocado pela parte, do qual decorrerão efeitos *constitutivos*, tais como previstos na ordem jurídica.

No geral, as sentenças constitutivas produzem efeitos para o futuro (*ex nunc*); já nas declaratórias e nas condenatórias os efeitos são retrooperantes (*ex tunc*).

Figuram como pressupostos da sentença constitutiva:

a) um fato que constitua uma relação jurídica de caráter privado;

b) a existência de um fundamento capaz de produzir a constituição;

c) que a constituição somente possa ser conseguida por meio da sentença.

É preciso, porém, separar os casos em que a constitutividade dos efeitos apenas será obtenível por força de provimento jurisdicional daqueles em que esses efeitos podem ser ordinariamente produzidos por intermédio de ato volitivo das partes. No primeiro caso, a exigência de sentença constitutiva provém da indisponibilidade da relação ou da situação jurídica, em virtude da sua importância para os valores sociais, para as instituições etc.; no segundo, ausente esse interesse social, permite-se que a relação ou a situação jurídica seja constituída, modificada ou extinta por ato praticado pelas próprias partes, sob a forma de avença.

Exemplo clássico, no direito do trabalho, de relação jurídica que somente pode ser extinta *ex vi* de provimento constitutivo é o da dissolução do contrato de empregado garantido pela cláusula (legal ou convencional) de estabilidade no emprego; a sentença, aqui, é proferida em ação ("inquérito", na linguagem deturpada da lei) especialmente ajuizada pelo empregador (CLT, art. 494, *caput*). Modificação possível de ser realizada por ato das próprias partes interessadas é a da equiparação salarial efetuada pelo empregador, sem que o empregado tenha ingressado em juízo para isso.

c) Na ação *condenatória*, a sentença contém uma *sanção* ao réu, que o obriga a determinada prestação, postulada na inicial, podendo ser de dar (dinheiro, coisa), fazer ou não fazer. Se a sentença rejeitar, integralmente, os pedidos formulados pelo autor, não será condenatória e sim *declaratória negativa*, ou *desestimatória*, como também a denomina a inteligência doutrinária (*Alcides de Mendonça Lima*, obra cit., pág. 296).

A sentença condenatória, como afirmamos há pouco, é a única que outorga ao autor um *novo direito de ação*, que o permitirá deduzir, agora, uma pretensão de índole executiva.

Dissemos, também, que a sentença será condenatória quando acolher, total ou parcialmente, os pedidos feitos pelo autor porque levamos em conta aquele aspecto que mais interessa para definir se ela seria, em concreto, condenatória ou não — o direito disputado pelas partes; entretanto, ainda que as pretensões do autor sejam repelidas pela sentença, não se pode negar que, em um outro sentido, ela será condenatória sempre que cometer ao autor *vencido* o encargo do pagamento das custas, emolumentos e de outras despesas processuais. Tanto isso é certo que se ele não as pagar se sujeitará à execução, exceto se houver recebido o benefício constitucional da assistência judiciária gratuita; a execução, na espécie, será promovida perante a própria Justiça do Trabalho e culminará, se houver necessidade, com a expropriação judicial dos bens do autor-devedor.

Sob esse ponto de vista (que nos parece juridicamente defensável), também serão condenatórias as sentenças *declaratórias* e as *constitutivas*, na parte em que impuserem ao vencido o pagamento das custas e de outras despesas do processo. Na lição de Alcides de Mendonça Lima, com apoio em Lopes Cardoso, não se confundem as sentenças *condenatórias* com as de *condenação*: "aquelas são mais amplas, abrangendo também as de natureza meramente declaratória e constitutiva, na parte em que haja alguma condenação acessória quanto ao pedido propriamente dito. As últimas, porém, são mais restritas, pois parecem ater-se apenas às proferidas em ações de condenação ou condenatórias. Para evitar qualquer dúvida, o art. 46 do Código de Processo Civil português foi alterado no seu texto primitivo de 1939 pela reforma de 1961, mantida em 1967, pois antes se usava o conceito restrito b) para, depois, ser adotada a forma ampla a). No Brasil, pelo menos doutrinariamente, a sentença que autoriza a execução é sempre a condenatória, ainda que tal condição nela se revele apenas numa parte secundária" (obra cit., pág. 317).

Embora o princípio seja de que a sentença condenatória passada em julgado enseja a execução (definitiva), com todas as medidas coercitivas que lhe são ínsitas, ao menos em um caso tais medidas não incidirão; referimo-nos à execução contra a Fazenda Pública, quando a citação não será para que a devedora cumpra a obrigação (de pagar quantia certa), consubstanciada no título executivo, ou nomeie bens à penhora, e sim para oferecer embargos, se assim pretender (CPC, art. 535, *caput*). Dá-se que, sendo os bens públicos impenhoráveis, os pagamentos devidos pela União, pelos Estados-membros e pelos Municípios, em virtude de sentença judicial condenatória transitada em julgado, serão efetuados na rigorosa ordem de apresentação dos precatórios e à conta dos créditos respectivos (CF, art. 100); por esse motivo, é obrigatória a inclusão, no orçamento das entidades de Direito Público, de verba necessária ao pagamento de seus débitos constantes de precatórios judiciais apresentados até 1.º de julho (CF, art. 100, § 1.º).

Se a obrigação a ser solvida pela Fazenda Pública for de entregar coisa, de fazer ou não fazer, a execução será realizada de igual maneira como o é quanto aos devedores particulares; logo, a citação, na espécie, será para efetuar a correspondente prestação, e não apenas para embargar, como acontece quando a execução é por quantia certa.

Considerando que cada ação possui natureza (e finalidade) própria (conhecimento, execução e cautelar), e que a cognitiva se subdivide, como vimos, em declaratória, constitutiva e condenatória, o processo civil torna defeso ao juiz proferir sentença, a favor do autor, de natureza diversa da pedida (art. 492); dessa forma, se a parte pediu um provimento jurisdicional condenatório, e o que veio foi constitutivo; ou, tendo sido solicitado um constitutivo, o que se deu foi um declaratório, haverá nulidade da sentença, por desrespeito ao comando do art. 492. Dita norma legal não deve, no entanto, ser interpretada debaixo de uma rigidez literal que ofenda ao bom-senso. Há situações em que motivos de ordem absolutamente lógica impedem seja a natureza da sentença mantida, como sucede, p. ex., quando o provimento jurisdicional rejeita inteiramente as pretensões deduzidas pelo autor: embora a sentença desejada fosse *condenatória* (do réu), as provas dos autos fizeram com que, rechaçados os pedidos, fosse prolatada uma de *natureza diversa*, ou seja, *declaratória negativa* (porque se afirmou a *inexistência* do direito alegado).

Em outros casos, o autor pede que o provimento jurisdicional, como unidade lógica, contenha partes distintas, conquanto harmoniosas entre si: requer que seja reconhecida a alegada existência de relação jurídica (vínculo de emprego) com o réu (sentença declaratória) e, em consequência, imposta a este a obrigação de pagar as quantias a que, como empregado, fazia jus (sentença condenatória), e que se encontram mencionadas na peça inaugural. Nessa hipótese, a sentença poderia ser apenas *declaratória* (reconheceria a relação de emprego), mas não forçosamente *condenatória* (uma vez que, digamos, as quantias devidas já estavam pagas); o que não poderia, como é óbvio, no exemplo em pauta, é o provimento jurisdicional, negando a causa (relação de emprego), admitir o efeito (quantias devidas). Se, contudo, a relação de emprego não fosse negada de maneira expressa pelo réu, a admissibilidade da sua existência estaria *implícita* na sentença *condenatória* deste ao pagamento de determinadas quantias de natureza trabalhista.

Ao inaugurarmos este Capítulo, dissemos que a expressão do art. 876 da CLT "decisões passadas em julgado" abarcava as sentenças e os acórdãos; isso significa, portanto, que a execução trabalhista de título judicial pode fundar-se: a) apenas em sentença; b) apenas em acórdão; c) parte em sentença e parte em acórdão.

a) Apenas em sentença, quando esta: a.a) trouxer, já no nascedouro, o veto legal da irrecorribilidade (Lei n. 5.584/70, art. 2.º, § 4.º); a.b) impugnada pela via recursal, for "mantida" pelo tribunal.

b) Apenas em acórdão, toda vez que este: b.a) houver sido prolatado em ação de competência originária do tribunal; b.b) der provimento ao recurso, para efeito de acolher os pedidos formulados pelo autor, que a sentença impugnada havia rejeitado.

c) Parte em sentença e parte em acórdão, sempre que o tribunal prover *em parte* o recurso interposto pelo autor, acrescentando à condenação uma ou mais parcelas. Torna-se oportuno lembrar que o acórdão proferido em grau de recurso *substitui* a sentença impugnada, naquilo em que tiver sido objeto do recurso (CPC, art. 1.008) — vedada, em qualquer caso, a *reformatio in peius*, na medida em que o recorrente não pode ter a sua situação processual empiorada pela decisão do órgão *ad quem*. A situação do recorrente, pois, em face do recurso interposto, somente poderia: a) *permanecer inalterada* (porque o tribunal negou provimento ao apelo); ou b) ser *melhorada* (a corte de revisão daria provimento ao recurso, total ou parcialmente); nunca, porém, c) *agravada*, porquanto isso implicaria beneficiar a parte contrária, que deixou de impugnar outras partes da decisão (*reformatio in peius*). Devem ser ressalvadas, contudo, aquelas matérias que podem ser conhecidas pelo juiz, *ex officio*.

Se a sentença concedeu duas horas extras diárias, e o recorrente pretender elevar a três esse número, não pode o tribunal, a pretexto de injustiça da decisão de primeiro grau, ou de má apreciação das provas, *reduzir* a condenação do réu a uma hora extra diária, sem que este haja manifestado qualquer pretensão recursal quanto a isso.

Na execução deverão ser observados, fielmente, os comandos sancionatórios embutidos em ambos os títulos executivos: na sentença e no acórdão, sempre que ela se fundar, a um só tempo, em um e outro. De tal arte, se o acórdão concedeu mais do que fora pedido pelo recorrente, ou incidiu em *reformatio in peius, mas transitou em julgado* com essas eivas, será assim executado; somente em sede de ação rescisória poderia a parte interessada (devedor) escoimar o acórdão desses vícios. Jamais mediante embargos à execução.

3.1.2 Acordo inadimplido

A despeito de a CLT referir-se, indistintamente, a *acordo* e a *conciliação* (arts. 764, *caput* e §§ 2.º e 3.º; 847, *caput* e §§ 1.º e 2.º; 848, *caput*; 850, *caput*), do ponto de vista doutrinário esses conceitos são inconfundíveis. A *conciliação* significa o retorno à harmonia, à concórdia, entre as partes que se desavieram; o *acordo*, no sentido em que estamos a considerá-lo, é um negócio jurídico bilateral, estabelecido com o propósito de prevenir ou solver um conflito intersubjetivo de interesses, podendo ser judicial ou extrajudicial. Sob esse aspecto, o acordo corresponde à *transação*, figura que recebeu melhor tratamento jurídico do legislador brasileiro. Nada obstante haja, como demonstramos, um traço sutil de separação dos conceitos de acordo e de transação, no que respeita à sua essência ontológica, ambos se identificam quanto aos *efeitos* que produzem: o de extinguir obrigações

Dessa maneira, porque dessemelhantes entre si, a conciliação e o acordo (ou transação) podem coexistir, sem embate, em um mesmo caso; poderia ocorrer, *e. g.*, de as partes efetivamente se *conciliarem* (isto é, se harmonizarem, fazerem as pazes), mas não chegarem a um *acordo* para terminar o litígio judicial. O inverso também poderia acontecer: transacionarem, dando, com isso, cobro ao processo, sem, todavia, ficar dissipada a animosidade pessoal existente entre ambas. É certo que o grande escopo da Justiça do Trabalho estará atingido quando concorrerem, em um mesmo caso, a conciliação e o acordo.

São dois os caracteres essenciais da transação: a) a existência de *res dubia*, ou seja, a incerteza quanto ao direito, cujo reconhecimento judicial se impetra; b) a finalidade de prevenir ou de terminar o conflito de interesses mediante concessões recíprocas (CC, art. 840). Por ela — que deve ser sempre interpretada restritivamente — não se *transmitem* direitos, mas apenas se os declara ou reconhece (CC, art. 843).

A transação produz entre as partes o efeito de coisa julgada, sendo, todavia, passível de ação rescisória; daí por que a CLT declara que o correspondente *termo* valerá como decisão irrecorrível, exceto para a Previdência Social quanto às contribuições que lhe forem devidas (art. 831, parágrafo único).

A transação não se confunde com a *renúncia*, pois, enquanto a primeira constitui negócio jurídico bilateral, na segunda a manifestação volitiva é sempre unilateral.

Podem os transigentes instituir *cláusula penal* para o caso de a obrigação não vir a ser cumprida na forma e no tempo fixados (CC, art. 409); essa cláusula pode compreender toda a obrigação ou somente parte dela, assim como pode ter como objeto apenas a mora (CC, art. 409). Dispõe o art. 412 do CC que o valor da cláusula penal não pode exceder ao da obrigação principal; a CLT contém preceito análogo, segundo o qual, "Entre as condições a que se refere o parágrafo anterior, poderá ser estabelecida a de ficar a parte que não cumprir o acordo obrigada a satisfazer integralmente o pedido ou pagar uma indenização convencionada, sem prejuízo do cumprimento do acordo" (art. 846, § 2.º).

A nulidade da obrigação acarreta, *ipso facto*, a da cláusula penal; quando o transator cumprir apenas parte da obrigação assumida, o juiz deverá reduzir, equitativamente, a pena estipulada (CC, art. 413).

Releva assinalar que o credor pode exigir a execução da cláusula penal independentemente de haver alegado prejuízo decorrente do descumprimento da obrigação pelo devedor (CC, art. 416, *caput*).

Se a transação envolver direitos contestados em juízo (hipótese mais frequente no processo do trabalho), far-se-á por *termo* nos autos, assinado pelos transigentes e homologado pelo juiz (CC, art. 842, parte final); é com vistas a esse *modus faciendi* que se deve entender a declaração contida no art. 831, parágrafo único, da CLT, de que, "No caso de conciliação, o termo que for lavrado valerá como decisão irrecorrível". O processo civil possui norma assemelhada, como demonstra o seu art. 449. Segue-se que no caso de inadimplemento da obrigação o que se executará, em rigor, não será o acordo, ou a transação, e sim a correspondente sentença homologatória (CPC, art. 515, II). Em que pese à omissão da CLT sobre o assunto, entendemos que também no processo do trabalho a transação deverá ser submetida à homologação do Juiz do Trabalho. Esse procedimento, aliás, se encontra salutarmente consagrado pela praxe processual trabalhista.

Em todos os casos em que o devedor inadimplir a obrigação derivante de acordo judicial, o credor poderá promover a pertinente execução (embora o juiz possa agir aí de ofício: CLT, art. 878, *caput*), que compreenderá o principal, a cláusula penal, a correção monetária, os juros da mora e as demais despesas processuais, legalmente exigíveis (custas, emolumentos, honorários periciais e advocatícios etc.), observando-se, no que couber, o procedimento estabelecido no Capítulo V da CLT, na Lei n. 6.830/80 e no CPC, conforme a ordem indicada.

Não é, entretanto, qualquer título judicial que rende ensejo à execução forçada; para que isso seja possível, é necessário que a obrigação nele contida seja "líquida, certa e exigível", como está na previsão do art. 783, *caput*, do CPC. A nosso ver, contudo, há certa impropriedade nessa expressão legal, pois quando se refere à obrigação: a) líquida; b) certa; e c) exigível faz supor que existam aí três qualidades distintas, quando se sabe que a *certeza* integra o conceito de *liquidez*. Tanto é autêntica a assertiva que o Código Civil anterior considerava líquida a obrigação que fosse *certa* quanto à sua existência e *determinada* quanto ao seu objeto (art. 1.533). Dessa forma, houve superfetação do legislador ao aludir à obrigação líquida e certa; bastaria que mencionasse apenas o elemento de *liquidez*, para entender-se embutido nele o de *certeza*.

De outra parte, existem dívidas ou obrigações *certas* (quanto à sua existência) que são *ilíquidas*; o que não pode haver são dívidas ou obrigações líquidas que sejam *incertas*. Para resumirmos: o título executivo deve apresentar-se *líquido* e *exigível*, compreendendo-se no primeiro caráter a certeza e a determinação. Os antigos práticos — vale rememorar — determinavam a liquidez sob a fórmula: a) *an*; b) *quid*; e c) *quantum debeatur*. Em *an*, a incerteza relacionava-se com o crédito, considerado em sua existência de fato e não de direito; em *quid*, a incerteza referia-se ao objeto da obrigação e surgia quando se punha em dúvida a sinceridade do documento; quando inexistisse título comprobatório; quando fosse obscuro ou contivesse erro ou qualquer outro vício de consentimento; em *quantum*, procurava-se determinar a quantidade de crédito.

A *exigibilidade*, no campo processual, significa que o credor poderá reclamar a correspondente contraprestação do devedor no tempo estabelecido, independentemente de outras condições.

Os requisitos legais de *liquidez* e de *exigibilidade*, segundo cremos, não oferecem maiores dificuldades à sua verificação em concreto; o mesmo não se dá, todavia, com o da *certeza*, fenômeno de natureza essencialmente subjetiva, definido por Carnelutti como "un grado o uno stato della nostra conoscenza intorno a un fatto" ("Processo di Ezecuzione", Milão: 1929, vol. I, n. 125, pág. 261).

A propósito do assunto, adverte Alcides de Mendonça Lima: "*A quem cabe verificar um título — no caso o juiz, para autorizar a execução ou acolher ou não a defesa do devedor, nos embargos — poderá não ter a mesma 'certeza' de outrem quanto à obrigação, ainda que os demais elementos ocorram. Mas se certeza não há, isto é, se há incerteza, os demais atributos perdem a eficácia, não dependendo nem de ser a obrigação liquidada e nem exigida. Se houver certeza e for ilíquida a obrigação, sua liquidação será possível na execução de título judicial, mediante a fase prévia da liquidação da sentença"* Obra cit., págs. 461/462).

A matéria respeitante à liquidação da sentença será objeto de aprofundadas investigações no Capítulo XXVII, Primeira Parte, deste livro.

O art. 783, *caput*, do CPC fala em "cobrança de crédito", com o que permite uma conclusão — aparentemente lógica — de que a única obrigação exequível na hipótese seria a *por quantia certa*, ficando à margem as espécies de entregar coisa (certa ou incerta), fazer e não fazer.

Inferência que tal não seria correta, porquanto a antedita norma legal, ao empregar o vocábulo *crédito*, não o fez com o intuito de circunscrevê-lo à execução *por quantia certa*, que pressupõe uma obrigação de índole pecuniária. O substantivo *crédito* possui, nesse texto processual, o senso de *obrigação*, entendida esta em todas as suas modalidades. O próprio Código Civil elucidava que "À execução judicial das obrigações de fazer, ou não fazer, e, em geral, à indenização de perdas e danos, precederá a liquidação do valor respectivo, toda vez que o não fixe a lei, ou a convenção das partes" (art. 1.535), a revelar, com isso, a previsão legal quanto às obrigações de fazer e de não fazer estarem consubstanciadas em título executivo judicial, tanto que fala em *liquidação*.

3.2. Títulos extrajudiciais

Nas edições anteriores deste livro, sempre sustentamos que a única modalidade de execução admissível no processo do trabalho era a de título *judicial*, por força do disposto no art. 876 da CLT. Todavia, a Lei n. 9.958/2000, que instituiu as Comissões de Conciliação Prévia (CLT, arts. 625-A a 625-H), deu nova redação ao art. 876, para permitir que a execução forçada se baseie, também, no *termo de conciliação* e no *termo de ajustamento de conduta*, aí referidos, ou seja, em determinados títulos *extrajudiciais*.

É evidente que, em decorrência dessa alteração legislativa, tivemos de reformular a nossa opinião acerca do assunto.

Essa expressiva inovação legislativa obrigará a que as partes — credor e devedor — se obriguem a estudar a nova modalidade de execução, que muito se desassemelha da que se funda em título judicial. Para que se compreenda o que estamos a dizer, basta lembrar que na execução calcada em título executivo judicial os embargos do devedor, nos termos do art. 884, § 1.º, da CLT, somente podem estribar-se em: cumprimento da decisão ou do acordo; quitação ou prescrição (intercorrente) da dívida, embora a doutrina e a jurisprudência sempre tenham entendido que o devedor poderia alegar, também, as matérias mencionadas no art. 741 do CPC de 1973 (atualmente, art. 525, § 1.º. Seja como for, a verdade é que a defesa do devedor, na execução por quantia certa fundada em título judicial, só pode basear-se em fato *posterior* ao título executivo. Entrementes, na execução de título *extrajudicial,* o devedor poderá alegar, em seus embargos, além das matérias enumeradas no art. 917 do CPC, qualquer outra que lhe seria lícito deduzir como defesa *no processo de conhecimento,* como prevê o inciso VI, da norma legal precitada.

Em termos práticos, isso significa que o devedor poderá discutir, inclusive, a própria origem do título (extrajudicial), ampliando, desse modo, consideravelmente, a extensão da cognição nesse tipo de embargos, se compararmos com a cognição que é própria dos embargos à execução de título judicial. Para que se tenha ideia da amplitude da defesa, via embargos, na execução de título extrajudicial, devemos dizer que o devedor poderá alegar, dentre outras coisas (além da própria invalidade do título executivo), todas as matérias que, no processo de conhecimento, são objeto de *preliminar* (CPC, art. 337).

Capítulo XII

EXECUÇÃO DEFINITIVA E EXECUÇÃO PROVISÓRIA

1. Execução definitiva

Na execução *definitiva* a atividade desenvolvida pelo credor e pelo órgão jurisdicional tende a fazer com que o comando sancionatório, ínsito no título executivo, seja plenamente atendido, ainda que, para isso, haja necessidade de serem utilizadas, contra o credor recalcitrante, todas as medidas coercitivas previstas em lei, que poderão acarretar, até mesmo, a expropriação judicial de seus bens, presentes ou futuros (CPC, arts. 789 e 824).

O pressuposto legal para a *definitividade* da execução do título judicial é o trânsito em julgado da sentença condenatória (CLT, art. 876), o inadimplemento do acordo realizado em juízo (CLT, art. 876), ou do termo de conciliação firmado no âmbito das Comissões de Conciliação Prévia (CLT, arts. 625-E, parágrafo único, e 876, *caput*), conforme seja o caso. O conceito normativo de coisa julgada está no art. 6.º da Lei de Introdução ao Código Civil brasileiro (em rigor, Dec.-lei n. 4.657, de 4-9-1942): "Chama-se coisa julgada ou caso julgado a decisão judicial de que já não caiba recurso", cuja disposição foi, em essência, reproduzida pelo art. 502 do atual CPC, onde a referência à coisa julgada *material* é explícita.

Sentença passada em julgado, portanto, é aquela que *já não* é passível de ser impugnada pela via recursal, seja ordinária ou extraordinariamente; de igual modo comportam execução definitiva as sentenças proferidas nas ações de alçada exclusiva dos órgãos de primeiro grau de jurisdição, criadas pela Lei n. 5.584/70 (art. 2.º, § 4.º), embora, como esclarecemos anteriormente, esses provimentos jurisdicionais não se submetam ao fenômeno da *res iudicata* material, dada a sua ontológica irrecorribilidade, salvo se perpetrarem ofensa à Constituição da República.

Se a decisão judicial transitou em julgado, a matéria por ela apreciada torna-se imutável (ressalvada a possibilidade de desconstituição dos seus efeitos pela ação rescisória), tornando-se, desse modo, espécie de lei entre as partes; insta anotar que o respeito à coisa julgada foi elevado, entre nós, ao predicamento de garantia constitucional (art. 5.º, XXXVI). É, precisamente, o princípio legal da imutabilidade da coisa julgada (que não é efeito, mas *qualidade* da sentença) que autoriza a execução *definitiva* da sentença ou do acórdão. Pondo em realce essa particularidade, podemos afirmar que o escopo dos diversos meios de impugnação às resoluções judiciais não é, como vem proclamando a doutrina majoritária, *impedir* e sim *retardar* a formação da coisa julgada material.

A sentença condenatória, no entanto, sob a óptica de sua execução definitiva ou provisória, não requer, necessariamente, como se possa imaginar, um tratamento unitário, incindível, de tal forma que a definitividade e a provisoriedade fossem elementos interexcludentes: o título judicial *somente* ensejaria execução: a) definitiva; *ou* b) provisória. Sem embargo, há situações em que o mesmo título judicial permite, a um só tempo, a execução definitiva e a provisória, conquanto pertinentes a partes distintas desse provimento condenatório. Isso ocorre, com certa frequência, nos casos em que a sentença é impugnada apenas em parte (CPC, art. 1.002). Digamos que o réu tenha sido condenado a pagar: a) aviso-prévio; b) férias; c) 13.º salário (gratificação natalina), tendo interposto recurso, todavia, apenas em relação ao aviso-prévio. Diante disso, seria legalmente possível ao credor promover, de maneira simultânea: a) a execução definitiva quanto às férias e ao 13.º salário, que já se encontram sob o pálio da autoridade da coisa julgada material; b) a execução *provisória* no que toca ao aviso-prévio, considerando que a sentença, neste ponto, pende de recurso recebido no efeito meramente "devolutivo" (CLT, art. 899, *caput*).

Como, no exemplo apresentado, os autos do processo deverão ser remetidos ao tribunal, em virtude do recurso interposto, a execução definitiva (das férias e do 13.º salário) deverá ser efetuada em *carta de sentença*, nada obstante esta, por princípio, seja destinada à execução *provisória;* as singularidades da situação em foco, entrementes, determinam que a execução *definitiva parcial* seja processada nos autos de carta de sentença — que deverá conter as peças exigidas por lei (CPC, art. 522, parágrafo único), exceto a "certidão de interposição do recurso não dotado de efeito suspensivo", pois a execução, aqui, se funda em título judicial *passado em julgado*. Outra solução não seria, juridicamente, aceitável, como pretender que a execução *definitiva parcial* fosse realizada nos autos principais, sabendo-se que estes teriam de ser encaminhados ao órgão *ad quem*, por força da impugnação que tem por objeto *outra parte* da sentença; negar, por outro lado, a possibilidade de haver execução definitiva quanto aos pontos da decisão que não foram atacados pelo recurso seria afrontar a literalidade do art. 876 da CLT, que faz menção ao trânsito em julgado da sentença, sem distinguir se esse fenômeno jurídico deve — para ensejar a execução definitiva — atingir todo o conteúdo da decisão, ou apenas parte dele.

A regra a ser observada, portanto, é esta: executa-se, em caráter definitivo, o que já *passou em julgado*, pouco importando que isso corresponda somente a *parte* do título judicial.

Transitando em julgado *toda* a sentença, estaremos em face de um título judicial que permite a sua execução definitiva plena, integral.

2. Execução provisória

O mundo ocidental conhece três sistemas concernentes à admissibilidade da execução provisória da sentença:

a) os que afirmam a mera devolutividade dos recursos, sendo a suspensividade admitida, em consequência, apenas quando declarada de maneira expressa;

b) aqueles em que a própria norma legal concede ao juiz poderes para autorizá-la, desde que haja requerimento do vencedor-recorrido, pela situação particular da causa (logo, da sentença);

c) aqueles em que a execução provisória é a regra, só derrogada por manifesta dicção legal contrária (Alcides de Mendonça Lima, obra cit., pág. 472).

No sistema a), que é o brasileiro, a fonte de execução provisória é, privativamente, a lei; no b), que é o italiano, a viabilidade de execução provisória é produto da vontade do juiz; no c), que é o alemão, a fonte também é a lei, sob o aspecto genérico, conquanto essa provisoriedade possa ser recusada em casos especiais.

No sistema legal de nosso país, a provisoriedade da execução vincula-se, umbilicalmente, ao *efeito* em que é recebido o recurso interposto da sentença exequenda; esse efeito, por sua vez, não decorre de uma faculdade atributiva do juiz, se não que de pronunciamento legal; assim, tendo o recurso efeito "devolutivo", a execução será provisória; ocorrendo de, em situação particular, esse efeito ser suspensivo, *nenhuma* execução poderá ser promovida até que o recurso seja definitivamente julgado.

Estatui, a propósito, o art. 899, *caput*, da CLT que os recursos serão interpostos por simples petição "e terão efeito meramente *devolutivo*, salvo as exceções previstas neste Título, permitida a execução provisória até a penhora", e o CPC, que a execução provisória poderá ser intentada quando a sentença for impugnada mediante recurso "desprovido de efeito suspensivo" (art. 520), a demonstrar, assim, que ambos os ordenamentos processuais deram um tratamento substancialmente uniforme à matéria.

O efeito devolutivo é inerente a todos os meios de impugnação das resoluções judiciais, porque — segundo se diz em doutrina — *devolve* ao órgão *ad quem* o conhecimento da matéria impugnada, bem como de todas as questões suscitadas e discutidas no processo, ainda que a sentença não as tenha julgado por inteiro, desde que relativas ao capítulo impugnado (CPC, art. 1.013, § 1.º). Embora se encontre largamente difundido o efeito "devolutivo" dos recursos em geral, estamos convencidos de que não se justifica o emprego desse adjetivo nos tempos modernos. Ora, a locução *efeito devolutivo* só fez sentido no período do direito romano antigo, quando os magistrados inferiores exerciam a jurisdição por *delegação* do imperador, hipótese em que, havendo apelação, a jurisdição era *devolvida* ao imperador; na atualidade, entretanto, os juízes de primeiro grau (para falarmos apenas destes) não exercem as suas atividades jurisdicionais por delegação dos juízes dos tribunais, para que se possa dizer que o recurso "devolve" a jurisdição ao órgão de segundo grau. Ainda que se queira alegar que a devolutividade, no caso, seria da *matéria impugnada*, a impropriedade da expressão não estaria afastada, pois a matéria que foi apreciada e decidida pelo juízo prolator da sentença recorrida não era da competência originária da Corte de segundo grau. A verdade é, portanto, que o recurso não "devolve" coisa alguma; melhor será, por isso, que a doutrina passe a utilizar construções como "efeito não suspensivo", em lugar de "devolutivo", dada a absoluta falta de inatualidade histórica deste termo.

Deixando o juízo de admissibilidade *a quo* de especificar o efeito em que recebe o recurso, entende-se que foi apenas no "devolutivo", uma vez que, sendo este comum a todos os meios impugnativos, deve ser presumido; já o efeito suspensivo, figurando como exceção à regra legal, não é presumível: ou se declara, no despacho de admissibilidade, a suspensividade, ou o efeito é unicamente "devolutivo", motivo por que poderá o vencedor requerer, desde logo, a execução provisória da sentença.

Vimos, porém, que o art. 899, *caput*, da CLT, após fixar a regra da devolutibilidade dos recursos por ela disciplinados, faz referência às "exceções previstas neste Título" (X). Inserem-se nessa exceção legal, por certo, os recursos de: a) agravo de instrumento; e b) agravo de petição, porquanto o efeito, em relação a eles, *poderá* ser também *suspensivo*.

Os agravos de instrumento e de petição, dizia o art. 897, § 1.º, da CLT, não eram dotados de efeito suspensivo, conquanto facultasse ao juiz sobrestar, sempre que reputasse conveniente, "o andamento do feito, até julgamento do recurso". Ulteriormente, a Lei n. 8.432/92 modificou a redação do aludido texto legal, para exigir que o agravante delimite, de modo fundamentado, as matérias e valores impugnados, sob pena de o agravo de petição não ser admitido. Ao permitir, todavia, a execução *imediata* e *definitiva* das parcelas não impugnadas, esse dispositivo deixou claro que, *a contrario sensu*, as parcelas impugnadas, que são objeto do agravo de petição, só podem ser executadas em caráter *provisório*, o que significa afirmar que o agravo de petição possui, nesta hipótese, efeito meramente *devolutivo*.

O agravo de instrumento, em princípio, possui efeito suspensivo da decisão monocrática impugnada – exceto se for interposto de decisão que não admitiu agravo de petição (CLT art. 897, § 2.º).

Quanto ao de *revista*, dissemos nas edições anteriores: "estabelece o art. 896, § 2.º, da CLT que, 'recebido o recurso, a autoridade recorrida *dirá o efeito em que o recebe*, podendo a parte interessada pedir carta de sentença para execução provisória (...)' (destacamos); é óbvio que a execução provisória somente será possível se o "despacho" exarado pelo juízo de admissibilidade *a quo* (presidente do tribunal proferidor do acórdão impugnado) declarar que o recebeu no efeito exclusivamente *devolutivo*". Entretanto, por força de alteração posteriormente imposta, a matéria passou a ser regulada pelo § 1.º do referido dispositivo legal, cuja redação é a seguinte: "O Recurso de Revista, *dotado de efeito apenas devolutivo*, será apresentado ao Presidente do Tribunal recorrido, que poderá recebê-lo ou denegá-lo, fundamentando, em qualquer caso, a decisão" (destacamos). Esse recurso passou a ser dotado, portanto, de efeito meramente *devolutivo*, embora a parte interessada possa valer-se da medida prevista no art. 1.029, § 5.º, do CPC (TST, Súmula n. 414, I).

Terão também efeito apenas *devolutivo* os recursos interpostos das decisões proferidas em ações ("dissídios") coletivas, capazes de afetar empresas de serviço público, ou em ação da mesma natureza, promovida de ofício, ou, ainda, em qualquer hipótese, quando se tratar de *revisão* (Lei n. 4.725/65, art. 6.º). Outrora, contudo, o presidente do TST poderia atribuir efeito *suspensivo* ao recurso, mediante requerimento motivado do requerente da providência, cabendo desse despacho agravo regimental. Embora essa possibilidade tenha sido eliminada pelo art. 7.º da Lei n. 7.788, de 3-7-1989, estamos convencidos de que o efeito suspensivo poderá ser obtido mediante providência cautelar, emitida pelo relator do recurso ordinário, nos termos da referida Súmula n. 414, I, *in fine*, do TST.

A alusão ao recurso interposto das decisões proferidas nessas ações coletivas foi feita somente para demonstrar que, em determinadas hipóteses, pode ser dado efeito *suspensivo* ao remédio recursal, porquanto, como sabemos, os acórdãos prolatados nessa espécie de ação possuem conteúdo apenas declaratório ou constitutivo — jamais condenatório —, razão por que não se sujeitam à execução.

Rege-se a execução provisória da sentença pelos princípios a seguir enunciados:

a) corre por iniciativa, conta e responsabilidade do exequente, que se obriga, se a sentença for reformada, a reparar os danos que o executado haja sofrido (CPC, art. 520, I);

b) fica sem efeito, sobrevindo acórdão que modifique ou anule a sentença objeto da execução, restituindo-se as partes ao estado anterior e liquidados eventuais prejuízos nos mesmos autos, por arbitramento *(ibidem*, II);

c) se a sentença objeto de execução provisória for modificada ou anulada apenas em parte, somente em relação a esta ficará sem efeito a execução *(ibidem*, III);

d) o levantamento de depósito em dinheiro e a prática de atos que importem alienação de propriedade os dos quais possa resultar grave dano ao executado dependem de caução suficiente e idônea, arbitrada de plano pelo juiz e prestada nos próprios autos (*ibidem*, IV).

Esses princípios, consagrados pelo processo civil, reclamam alguns escólios diante da possibilidade teórica de incidirem no processo do trabalho.

a) A declaração inscrita no inc. IV, do art. 520, do CPC, de que a execução provisória não abarca os atos que traduzam transferência de posse ou alienação da propriedade, ou de outro direito real, articula-se, em perfeita simetria, com a contida no art. 899, *caput*, da CLT, pela qual se esclarece que semelhante espécie de execução encontra na penhora o seu termo final. Quer-se com isso dizer que, feita a penhora (e a avaliação), os bens não são levados à alienação judicial, em praça e leilão, como ocorreria se a execução fosse definitiva; na provisória, apreendidos bens em valor ou quantidade suficiente para satisfazer a obrigação materializada no título executivo, nenhum outro ato se pratica, uma vez que a sentença pende de recurso recebido no efeito apenas "devolutivo".

Caso, todavia, o credor-recorrido prestasse caução, poderia levantar a quantia que o devedor-recorrente depositou em atendimento ao requisito inserido no art. 899, § 1.º, da CLT, estando ainda o recurso para ser julgado? Pensamos que sim. Apressamo-nos, contudo, em prestar alguns esclarecimentos, a fim de que a nossa opinião seja bem compreendida. No caso de o credor desejar *levantar* o valor depositado pelo devedor, quando da interposição do recurso que ainda pende de julgamento, o seu requerimento poderá ser deferido se se dispuser a prestar caução suficiente idônea, como prevê o inc. IV do art. 520 do álbum processual civil.

Dispunha, aliás, o § 3.º do art. 899 da CLT que se no recurso interposto estivesse sendo debatida matéria "já decidida através de Prejulgado do Tribunal Superior do Trabalho, o depósito poderá levantar-se, de imediato, pelo vencedor". Essa norma legal atendia, por suposto, ao caráter absurdamente coercitivo dos Prejulgados, em relação aos órgãos inferiores da jurisdição (Juntas de Conciliação e Tribunais Regionais), que *não poderiam deixar de aplicá-los* aos casos concretos (CLT, art. 902, § 1.º). Considerando que o art. 902 e parágrafos da CLT foram revogados pela Lei n. 7.033, de 5 de outubro de 1982 (DOU de 6 do mesmo mês, pág. 8705), tendo, em consequência, o TST extinguido os Prejulgados e aproveitado os seus enunciados como Súmulas (Res. Adm. n. 102/82, de 6-10-1982, DOU de 11 do mesmo mês, pág. 10280), estamos certos de que o juiz já não pode autorizar, em princípio, a liberação do depósito em dinheiro, sem a prestação de caução, porquanto foi eliminada da ordem jurídica a causa em que se apoiara o legislador: os Prejulgados. Ainda que a matéria discutida no recurso esteja compendiada em Súmula, o levantamento do numerário em apreço não deverá ser permitido, pois falta à Súmula aquele — ditatorialesco — caráter coercitivo de que eram providos os Prejulgados.

Estabelece, por outro lado, o art. 521, do CPC, que a caução pode ser dispensada quando: I — o crédito for de natureza alimentar, independentemente de sua origem; II — o credor demonstrar situação de necessidade; III — pender o agravo do art. 1.042; IV — a sentença a ser provisoriamente cumprida estiver em consonância com súmula da jurisprudência do Supremo Tribunal Federal ou do Superior Tribunal de Justiça ou em conformidade com acórdão proferido no julgamento de casos repetitivos.

Esclarece o parágrafo único dessa norma legal que a exigência de caução será mantida quando da dispensa possa resultar manifesto risco de grave dano de difícil ou incerta reparação.

O CPC de 1973 dispensava a caução "nos casos de crédito de natureza alimentar, ou decorrente de ato ilícito, até o limite de sessenta vezes o valor do salário mínimo, quando o exequente demonstrar situação de necessidade".

Entendemos ser aplicável ao processo do trabalho o disposto no art. 521, do CPC, tanto no *caput* quanto no parágrafo único.

c) De igual maneira, no processo do trabalho a execução provisória ficará desfeita sobrevindo decisão que anule ou modifique a sentença em que ela se fundava; é justamente essa eventualidade de modificação substancial ou de anulação do título exequendo que faz com que a execução seja *provisória*, pois inexiste coisa julgada material capaz de motivar a sua *definitividade*.

Uma nova indagação: a faculdade que a lei (CLT, art. 878, *caput*) atribui ao juiz para promover, *ex officio*, a execução (definitiva) tem vigência também no caso de execução provisória? Acreditamos que não. Embora se pudesse argumentar que quem pode o mais (execução definitiva) pode o menos (execução provisória), não podemos deixar de pôr à frente o fato de que esta última entra na *conveniência* exclusiva do credor; destarte, eventual iniciativa do juiz em promovê-la poderia colidir com algum interesse (ou conveniência) do credor, a quem seria preferível, talvez, aguardar o trânsito em julgado da sentença, para realizar definitivamente a execução. Devemos lembrar que o risco de o credor ser condenado a reparar os danos causados ao devedor, em virtude da execução provisória encetada, representa um argumento a mais em prol do ponto de vista que há pouco expendemos acerca do assunto.

Demais, a incoação do juiz, quanto à execução provisória, pode ser interpretada, pelo devedor, como imprudente quebra do dever de neutralidade, a que o submete a lei (CPC, art. 139, I); por esse motivo, é recomendável que o juiz deixe a critério do credor a conveniência de promover execução provisória ou não.

A propósito, se bem examinarmos, veremos que o próprio processo civil veda a iniciativa judicial para a execução provisória, pois o art. 520, do CPC, declara que essa execução deverá atender a determinadas normas, entre as quais menciona, de maneira expressa: "I – *corre por iniciativa*, conta e risco *do exequente*" (destacamos).

A execução provisória é realizada em *carta de sentença*, extraída dos próprios autos principais pelo diretor da secretaria do órgão jurisdicional.

Constituem requisitos da carta de sentença (CPC, art. 522, parágrafo único, I a V):

a) decisão exequenda;

b) certidão de interposição do recurso não dotado de efeito suspensivo;

c) procurações outorgadas pelas partes;

d) decisão de habilitação, se for o caso;

e) facultativamente, outras peças processuais que o exequente considere necessárias.

Uma ressalva: se a ação foi ajuizada *pessoalmente* pelo empregado e contestada pelo próprio empregador — fazendo ambos, portanto, uso do *ius postulandi* que lhes outorga o art. 791, *caput*, da CLT —, é de palmar conclusão que a carta de sentença *não conterá* as procurações de que cuida a letra "c", supra (inc. III do art. 522 do CPC. O mesmo se diga quando se tratar de *mandato tácito*, admitido, amplamente, pela doutrina e pela jurisprudência trabalhistas.

Tostes Malta sustenta que, no caso de o empregador estar representado (e não "substituído", como diz, equivocadamente, o art. 843, § 1.º, da CLT) por preposto (desde o processo de conhecimento), haverá necessidade de a carta de sentença conter também cópia (ou certidão) da correspondente *credencial* (carta, na linguagem da praxe), a fim de que se possa verificar se o preposto que está peticionando na execução é o mesmo ("Prática do Processo Trabalhista", 11ª ed., Rio: Ed. Trabalhistas, pág. 550).

Não concordamos com isso. Não vemos como possa o preposto *praticar atos na execução*, quando se sabe que a sua atuação em juízo está circunscrita à audiência relativa ao processo de conhecimento, na qual poderá, dentre outras coisas, formular quaisquer das modalidades de resposta previstas em lei (exceção, contestação, reconvenção, reconhecimento da "procedência" do pedido), realizar transação (acordo), dirigir reperguntas à parte contrária, às testemunhas e ao perito, aduzir razões finais. Preservada a literalidade e o escopo do art. 843, § 1.º, da CLT, não se pode reconhecer legitimidade ao preposto, para *peticionar na execução*, mesmo que esta seja provisória; ao preposto falta legitimidade até mesmo para exercer pretensão recursal em nome do proponente. O máximo a admitir-se, no tema que estamos a perlustrar, é que, na liquidação mediante cálculos, o preposto compareça à audiência para ser interrogado e formular reperguntas — sem, todavia, peticionar. Sendo assim, tirante essa hipótese, é completamente dispensável, por desútil, que a carta de sentença contenha cópia da credencial do preposto, como pensou Tostes Malta.

O requisito da "certidão de interposição do recurso não dotado de efeito suspensivo" destina-se a propiciar a verificação do efeito em que se deu a admissibilidade do apelo; se o foi no *suspensivo*, obstada estará a execução provisória que acaso se pretenda promover. Caso o despacho exarado pelo juízo competente não explicite o efeito, presumir-se-á que o tenha sido no meramente *devolutivo*, por ser esse o princípio que emana da lei (CLT, art. 899, *caput*).

Não contendo a carta de sentença determinado requisito exigido por lei, deverá o juiz, por despacho, ordenar que o credor supra a falta, no prazo que lhe assinar; não sendo o despacho atendido, o processo de execução provisória deverá ser julgado extinto (CPC, art. 485), embora possa o credor solicitar, novamente, a formação de carta de sentença (CPC, art. 486, *caput*, de aplicação analógica à espécie).

Diz o art. 899, *caput*, da CLT que a execução provisória vai até a *penhora* — penhora ainda não declarada subsistente, ou penhora já declarada subsistente, por força de sentença resolutiva dos embargos apresentados pelo devedor?

Há certa controvérsia doutrinária acerca do problema. Para alguns, a declaração formulada pelo *caput* do art. 899 da CLT tem como objeto apenas a penhora em si, razão por que — segundo essa corrente —, posteriormente ao ato de apreensão judicial de bens, *nenhum outro* poderá ser praticado até que seja julgado o recurso interposto da sentença exequenda. Dessa maneira, a execução provisória se deteria na penhora, não se devendo intimar, inclusive, o devedor, para oferecer embargos (*Antônio Lamarca*, "Execução na Justiça do Trabalho", São Paulo: Ed. Fulgor, 1962, pág. 172). Entendem outros pensadores, ao contrário, que não somente devem ser avaliados os bens penhorados como também admitidos e apreciados os embargos que o devedor vier a manifestar, julgando-se a penhora subsistente, ou não, pois apenas dessa forma a execução provisória poderia tornar-se efetivamente eficaz, atingindo a sua finalidade (Amaro Barreto, "Execução Civil Trabalhista", Rio: Ed. Trabalhistas, 1962, pág. 52; Wagner Giglio, obra cit., págs. 395/396).

Sopesemos ambas as correntes de opinião.

Os que admitem a possibilidade de a execução provisória abranger não só a penhora, mas o próprio julgamento dos embargos que forem apresentados pelo devedor, argumentam com o fato de que, a não se proceder desse modo, a penhora poderia ser mais tarde desfeita, frustrando-se, então, a finalidade e os interesses da execução, que eram o de garantir, com o apresamento de bens, o adimplemento da obrigação derivante do título executivo. Redarguimos, contudo, que, se esse é o aspecto positivo da tese, o negativo está em que: a) a sentença poderia vir a ser modificada pelo tribunal, fazendo com que se tornasse absolutamente inútil aquele dispêndio de atividade privada e jurisdicional, consistente, a primeira, no oferecimento de embargos pelo devedor, e a segunda, no seu julgamento; b) além disso, da sentença proferida nos embargos em pauta caberia o recurso de agravo de petição (CLT, art. 897, *"a"*), particularidade que motivaria a existência anômala de *dois* recursos, a saber: um, interposto da sentença resolutiva da lide (processo de conhecimento, título executivo); outro, da sentença que resolveu os embargos do devedor. Essa duplicidade de recursos poderia causar, na prática, graves embaraços à execução provisória, tornando-a, quem sabe, mais demorada que a própria definitiva.

É inegável que se os embargos à execução fossem rejeitados (declarando-se, em consequência, subsistente a penhora) e da decisão não fosse interposto agravo de petição, justificar-se-ia que a execução provisória devesse sempre ir além da simples penhora de bens, sendo útil e conveniente que também o juízo da execução se pronunciasse a respeito da perfectibilidade e da subsistência daquele ato de constrição patrimonial. Nem sempre, entretanto, isso se verificará, porquanto o devedor que já interpusera, digamos, recurso ordinário da sentença que compôs a lide, por uma questão de coerência e de preceito lógico, irá, como é lícito presumir, interpor agravo de petição da sentença prolatada nos embargos, ensejando, com isso, a presença, num mesmo processo, daqueles dois recursos a que há pouco nos referimos, Se este fato não é, por si só, defeso (tanto que ambos os recursos foram interpostos), seria, no mínimo, desaconselhável diante da possibilidade, já denunciada, de o tribunal dar provimento integral ao recurso ordinário, de sorte a tornar prejudicado — por perda de objeto — o agravo de petição. Isso acarretaria, vale reiterar, um malbaratamento da atividade privada e jurisdicional, que poderia ser evitado se se houvesse estancado a execução provisória no ato de apreensão de bens do devedor (penhora).

Por isso, entendemos que na execução provisória, excluída a avaliação, nenhum outro ato processual deverá ser praticado posteriormente à penhora; admitimos a avaliação, na espécie, porque o art. 886, § 2.º, da CLT deve receber outra interpretação após o advento da Lei n. 5.695/70, fixadora das diretrizes do Plano de Classificação dos Funcionários Públicos Federais, que, possibilitando a adaptação de cargos, permitiu a criação do de oficial de justiça avaliador. Esse procedimento se harmoniza com o art. 7.º, V, da Lei n. 6.830/80. Nossas considerações pertinentes ao assunto de que estamos a nos ocupar pressupõem, evidentemente, a necessidade (ou a exigência legal) de os bens penhorados serem avaliados; sucede que em determinados casos a avaliação é dispensável, como ocorre quando a penhora incidir em dinheiro; o credor aceitar a estimativa feita na nomeação dos bens; se tratar de títulos ou mercadorias que possuam cotação em bolsa, comprovada mediante certidão ou publicação oficial (CPC, art. 871, I e II).

Se, porém, os bens penhorados forem objeto de *embargos de terceiro* (CPC, art. 674), estes devem ser processados e julgados, permitindo-se até mesmo que o interessado interponha agravo de petição da sentença que for aí lançada (CLT, art. 897, "a"). A diferença de critério doutrinário, em relação aos embargos oferecidos *pelo devedor* (que, como sustentamos, não devem ser admitidos na execução provisória, por precipitados), radica em que o julgamento dos embargos apresentados por *terceiro* é necessário para definir-se a quem pertencem os bens apreendidos, a fim de que se possa, no tempo oportuno, assegurar o cumprimento da obrigação contida no título executivo, expropriando-os (CPC, art. 824); por outro lado, eventual acolhimento desses embargos (e ocorrendo o trânsito em julgado da sentença correspondente) liberaria os bens pertencentes a terceiro, evitando, assim, causar-lhe prejuízos com a manutenção da penhora até que fosse realizado o julgamento do recurso ordinário interposto da sentença de fundo, emitida no processo cognitivo, para, somente depois disso, apreciar-se os embargos por ele opostos.

A possibilidade, aliás, de o terceiro oferecer embargos, em virtude de apreensão judicial de bens que alega lhe pertencerem, ou dos quais é mero possuidor (CPC, art. 674, § 1.º), fortalece o nosso entendimento de ser desaconselhável a apresentação de embargos do *devedor*, em sede de execução provisória, pois na fase (ou "processo", como no CPC) de execução os embargos de *terceiro* poderão ser opostos até cinco dias *depois* da adjudicação, da alienação por iniciativa particular, ou arrematação, da desde que não tenha, ainda, sido assinada a respectiva *carta* (CPC, art. 675). Daí vem que, admitidos os embargos do devedor, no processo de execução *provisória*, bem como o recurso de agravo de petição que vier a ser interposto da sentença aí proferida (que poderia ser desprovida pelo órgão *ad quem*), tudo isso restaria desútil se, retornando os autos do tribunal, os bens fossem remetidos à praça e leilão, sendo arrematados ou adjudicados, mas o *terceiro* opusesse, nessa qualidade, embargos, que viessem a ser acolhidos, com ulterior trânsito em julgado da sentença.

Melhor será, por isso, que, por princípio, se detenha a execução provisória no ato de avaliação dos bens penhorados, aguardando-se, depois disso, o julgamento do recurso interposto da sentença que solveu a lide e que agora está convertida em título executivo, sob pena de eventual — ou virtual — perda de tempo e de atividade jurisdicional.

2.1. Natureza jurídica da sentença

Para que possam ser mais bem compreendidas as razões que até esta altura expendemos acerca da execução provisória e dos atos que possam ou devam ser nela praticados, entendemos ser proveitosa uma análise quanto à natureza jurídica da sentença suscetível de recurso.

É o que faremos, a seguir.

Diversas foram as teorias que procuram definir essa condição jurídica. A necessidade de síntese obriga-nos a reduzi-las a quatro:

a) A sentença sujeita a recurso seria *ato submetido a condição resolutiva.* Afirma-se, com isso, que a sentença traria em si, de modo inerente, os requisitos necessários à sua existência estável no mundo jurídico, embora pudesse ser destituída dessa eficácia originária na hipótese de haver um pronunciamento jurisdicional contrário, por órgão hierarquicamente superior, em sede de recurso. A essa alegação, todavia, se contrapôs o argumento de que, a ser dessa maneira, a sentença deveria produzir, desde logo, como consequência natural, o efeito executório, por força do disposto no art. 127 do Código Civil. Na realidade, apenas em caráter excepcional a sentença recorrível ou impugnada produz esse efeito;

b) Argumentou-se, sob outro ângulo, com a *situação jurídica,* segundo a qual somente com a concorrência de outras circunstâncias é que a sentença poderia gerar efeitos; em sentido contrário, se essas circunstâncias não se verificarem, a eficácia da sentença seria nenhuma. Conforme esse entendimento, a sentença seria, em rigor, mera *possibilidade de sentença*, porquanto dependeria, para poder aperfeiçoar-se, de que ficasse afastada, em definitivo, a viabilidade de reexame por órgão superior;

c) A sentença seria, a princípio, *ato perfeito*, em que pese ao fato de estar sujeita a revogação, que aconteceria na hipótese de o tribunal dar provimento ao recurso dela interposto. Conquanto o argumento revele o seu acerto, sob o ponto de vista lógico, não podemos ignorar que, à luz do ordenamento processual em vigor, o julgamento proferido pelo órgão *ad quem* substituirá a decisão recorrida, mesmo que a tenha "confirmado" (CPC, art. 1.008), ou seja, que se negue provimento ao recurso — respeitando-se, é certo, os limites das matérias impugnadas;

d) A sentença traduziria *ato condicionado*, ou melhor, penderia de *condição suspensiva*, pois, nada obstante se faça provida de todos os requisitos necessários à sua existência formal, encontrar-se-ia tolhida em sua eficácia. Dessa forma, os seus efeitos somente seriam liberados na hipótese de não haver recurso. Essa suspensividade permaneceria enquanto perdurasse a possibilidade de impugnar-se a decisão, o que corresponde a dizer, em sentido inverso, que os seus efeitos seriam liberados assim que ficasse afastada em definitivo a possibilidade de ser impugnada por meio de recurso.

Esta última teoria é a que mais se ajusta ao nosso sistema processual, ressalvados os casos em que a lei veda, de maneira expressa, a interposição de recurso, como se dá com as ações da alçada exclusiva dos órgãos de primeiro grau, instituídas pela Lei n. 5.584, de 26 de junho de 1970 (art. 2.º, § 4.º).

A definição da natureza jurídica da sentença sujeita a recurso é de extrema importância de ordem prática, nomeadamente com vistas à *execução provisória*. Assim dizemos porque muito se discute, nos sítios da doutrina e da jurisprudência, por exemplo, se na execução provisória é indispensável o acatamento à ordem preferencial de penhoras, estabelecida pelo art. 835 do CPC — a que o art. 882 da CLT faz remissão integrativa) — , ou seja, se o dinheiro deve ser penhorado em primeiro lugar. A corrente que responde afirmativamente a essa pergunta funda a sua opinião no art. 520, *caput*, do CPC, segundo o qual "O cumprimento provisório da sentença impugnada por recurso desprovido de efeito suspensivo será realizado da mesma forma que o cumprimento definitivo". Entenda-se, para os efeitos do processo do trabalho, como "cumprimento provisório" a *execução provisória* da sentença.

Não concordávamos com essa opinião. Por isso, nas edições anteriores de livro, quando estava em vigor o CPC de 1973, escrevemos:

> Em primeiro lugar, não podemos nos esquecer que, embora a execução se processe no interesse do credor (CPC, art. 612), ela, quando

puder ser realizada por vários meios, deverá sê-lo pelo menos gravoso ao devedor (CPC, art. 620). Em segundo, a própria situação jurídica da sentença impugnada mediante recurso dotada de efeito, apenas, devolutivo recomenda que não se aplique, na execução provisória, a regra do art. 655 do CPC. Expliquemo-nos.

Conforme vimos há pouco, tem prevalecido, nos domínios da doutrina, o entendimento de que a sentença suscetível de recurso traduz-se em ato sujeito a condição suspensiva, ou seja, embora se encontre dotada de todos os elementos ou requisitos necessários à sua existência formal, encontra-se tolhida em sua eficácia. Essa eficácia somente estará liberada se não houver interposição de recurso; havendo, a sentença manter-se-á ineficaz, como título executivo pleno. O máximo que o sistema admite é que ela possa ser objeto de execução provisória, de tal arte que o último dos atos integrantes do procedimento executivo será a penhora (CLT, art. 899, *caput*). Sendo assim, essa inerente provisoriedade da execução fundada em sentença impugnada mediante recurso dotado de efeito devolutivo justifica o fato, por exemplo, de não se atender à ordem preferencial dos bens penhoráveis, estabelecida pelo art. 655 do CPC. Não vem ao caso discutir, aqui, se está correta, ou não, a expressão "execução provisória", ou se a expressão apropriada seria "execução definitiva incompleta". O que importa é que o art. 475-O do CPC faz uso da expressão "execução provisória" para desassemelhá-la da definitiva, sendo certo que essa terminologia não pode ser ignorada pelo estudioso, sob pena de grave comprometimento da lógica do próprio sistema legal, que dispensa tratamento distinto à execução, segundo seja provisória ou definitiva. A inobservância da ordem preferencial, contida no art. 655 do CPC, constitui, até mesmo, uma questão de bom senso por parte dos magistrados, pois, se a execução é provisória, em virtude de o título executivo judicial pender de recurso interposto pelo réu, é evidente que se for dado provimento ao recurso deixará de existir o título executivo e, em consequência, a própria execução forçada. É elementar que, em se cuidando de execução definitiva, esse raciocínio não será admissível, pela razão fundamental de que, neste caso, a execução se lastreia em sentença (ou acórdão) tornada imutável pelo fenômeno da coisa julgada material (CPC, art. 467).

Perfilhando esta nossa opinião, o TST, por sua SBDI-2, adotou a Orientação Jurisprudencial n. 62, do seguinte teor:

MANDADO DE SEGURANÇA. PENHORA EM DINHEIRO. EXECUÇÃO PROVISÓRIA.

Em se tratando de execução provisória, fere direito líquido e certo do impetrante a determinação de penhora em dinheiro, quando nomeados outros bens à penhora, pois o executado tem direito a que a execução se processe da forma que lhe seja menos gravosa, nos termos do art. 620 do CPC.

Essa Orientação Jurisprudencial é importante, não apenas, por separar a execução provisória da definitiva, para os efeitos do art. 655 do CPC, mas, também, por admitir o uso da ação de *mandado de segurança* — e não de agravo de petição —, com a finalidade de fazer prevalecer essa separação. Por outras palavras: como a execução deve ser processada da maneira menos gravosa para o devedor, este possui o direito líquido e certo de não ver penhorado dinheiro em execução provisória, senão que outros bens, que vier a oferecer.

Posteriormente, a precitada OJ foi convertida no inciso III da Súmula n. 417, sem alteração na própria literalidade.

É relevante observar que a Súmula referida não reconhece, pura e simplesmente, ao executado direito líquido e certo de não ter penhorado dinheiro em execução provisória; para que esse direito lhe seja reconhecido é indispensável que ele tenha oferecido à penhora bens de outra classe (e estes, como é óbvio, tenham sido recusados pelo exequente). Assim, se o executado for citado para a execução provisória e deixar de indicar bens à constrição judicial, não poderá invocar em seu benefício o inciso III da Súmula n. 417, do TST, motivo por que ficará suscetível se sofrer penhora de dinheiro.

Entrementes, na vigência do CPC de 2015, o TST cancelou o item III da Súmula n. 417, que passou a ter o seguinte teor: "MANDADO DE SEGURANÇA. PENHORA EM DINHEIRO (alterado o item I, atualizado o item II e cancelado o item III, modulando-se os efeitos da presente redação de forma a atingir unicamente as penhoras em dinheiro em execução provisória efetivadas a partir de 18.03.2016, data de vigência do CPC de 2015) — Res. 212/2016, DEJT divulgado em 20, 21 e 22.09.2016. I — Não fere direito líquido e certo do impetrante o ato judicial que determina penhora em dinheiro do executado para garantir crédito exequendo, pois é prioritária e obedece à gradação prevista no art. 835 do CPC de 2015 (art. 655 do CPC de 1973). II — Havendo discordância do credor, em execução definitiva, não tem o executado direito líquido e certo a que os valores penhorados em dinheiro fiquem depositados no próprio banco, ainda que atenda aos requisitos do art. 840, I, do CPC de 2015 (art. 666, I, do CPC de 1973). (ex-OJ n. 61 da SBDI-2 - inserida em 20.09.2000)".

Está implícita no I da Súmula que a penhora em dinheiro é "prioritária", nos termos do art. 835, do CPC, pouco importando tratar-se de execução definitiva ou provisória. Nós mesmos, em outros escritos produzidos anteriormente à supressão do item III, da Súmula n. 417, do TST, já havíamos reformulado o nosso entendimento, passado a reconhecer que o art. 655, do CPC de 1973 (art. 835, do atual CPC) não distinguia entre ser a execução provisória ou definitiva, com vistas à penhora em dinheiro.

3. Execução e recurso extraordinário

Problema que também não pode deixar de ser analisado, neste livro, respeita à espécie de execução cabível — definitiva ou provisória — quando a decisão exequenda pender de recurso extraordinário (CPC, art. 1.029).

Uma vez mais, verificou-se uma profunda cisão na inteligência doutrinária de nosso país, notadamente durante a vigência do CPC de 1939. Ao longo da intensa disputa estabelecida sobre o tema, vários argumentos ponderáveis foram expendidos, de parte a parte, acabando por tornar-se vitoriosa a corrente de pensamento que entendia *não ser provisória* a execução na pendência de recurso extraordinário. Esse entendimento ficou cristalizado na Súmula n. 228 do STF, que dispunha *não ser provisória* a execução na hipótese em exame. É interessante observar que como *referências legais* da Súmula foram indicados, expressamente, não apenas os arts. 882, II, e 808, do CPC, de 1939, mas também o art. 893, § 2.º, da CLT.

A precitada norma processual trabalhista, ao estatuir que "A interposição de recurso para o Supremo Tribunal Federal não prejudicará a execução do julgado", também abrira larga via à instauração de uma polêmica doutrinária e jurisprudencial sobre ser provisória ou definitiva essa execução, motivo por que a Súmula n. 228 do STF aproveitou a oportunidade para fazer menção ao art. 893, § 2.º, da CLT, colimando, com isso, dar fim à cizânia estabelecida no plano do próprio processo do trabalho.

Com o advento do CPC de 1973, a controvérsia — ao contrário do que se supunha — subsistiu, porquanto o art. 497, em disposição algo imprecisa, se ateve a declarar que o recurso extraordinário não suspenderia a execução da sentença. Daí, a continuidade, no início do vigor do novo estatuto processual civil, da antiga discussão a respeito do assunto.

O problema, todavia, foi solucionado pela Lei n. 8.950/94, que alterou o § 2.º, do art. 542, do CPC, segundo o qual "Os recursos extraordinário e especial serão recebidos no efeito devolutivo", com o que, a nosso ver, não somente deixou evidenciada a provisoriedade da execução na pendência de recurso extraordinário como revogou a Súmula n. 228 do STF, cuja referência passou a ser feita em caráter meramente histórico. Asseveramos que a questão foi aclarada pelo citado § 2.º, na medida em que o art. 587 do CPC estabelecia que a execução seria *provisória* quando a sentença (ou o acórdão) fosse "impugnada mediante recurso, recebido só no efeito devolutivo".

Dessa forma, conjugando-se o art. 587 do CPC com o § 2.º, do art. 542, do mesmo Código, chegava-se à conclusão — exata e inevitável — de que, na pendência de recurso extraordinário, a execução da sentença ou do acórdão era sempre *provisória*, inclusive no processo do trabalho. O fato de, mais tarde, haver-se reformulado a redação do art. 587, do CPC, não alterava a nossa opinião.

A propósito, assim dispõe a Orientação Jurisprudencial n. 56 da SBDI-2 do TST: "Mandado de segurança. Execução. Pendência de recurso extraordinário. Não há direito líquido e certo à execução definitiva na pendência de recurso extraordinário, ou de agravo de instrumento visando a destrancá-lo".

Esse quadro não se modificou com a vigência do CPC e 2015, cujo art. 995, *caput*, estabelece que os recursos não impedem a eficácia da decisão recorrida, "salvo disposição legal ou decisão judicial em sentido diverso". O parágrafo único dessa norma legal esclarece que a eficácia da decisão recorrida poderá ser suspensa mediante decisão do relator, caso a imediata produção dos seus efeitos acarretar risco de grave dano – de difícil ou impossível reparação –, e ficar demonstrada a probabilidade de ser dado provimento ao recurso. O art. 1.029, § 5.º, do mesmo Código, por sua vez, dispõe sobre o pedido de efeito suspensivo ao recurso extraordinário (e ao especial).

4. Execução provisória das obrigações de fazer

A regra geral é de que os recursos trabalhistas possuem efeito meramente "devolutivo" (CLT, art. 899, *caput*); isso significa que, em termos práticos, se a decisão não ressalvar a atribuição de efeito *suspensivo* ao recurso, poderá o interessado promover a execução provisória da sentença. Ao declarar que essa execução vai até a penhora, a norma legal precitada deixa evidente estar a referir-se à execução por *quantia certa*, porquanto somente esta, por princípio, visa à expropriação de bens do devedor (CPC, art. 646).

Tratando-se, porém, de execução de obrigação *de fazer*, seria admissível a execução provisória?

Pareceu-nos algo confusa a disciplina da matéria no sistema do CPC de 2015. Se, de um lado, poder-se-ia concluir não ser possível a execução provisória das obrigações de fazer ou de não fazer, porque o Código somente se refere a essa espécie de execução (cumprimento) quanto às obrigações de pagar quantia certa (arts. 520 a 522), de outro, os arts. 536 e 537 fazem alusão genérica ao cumprimento da sentença impositiva de obrigação de fazer ou de não fazer, sem elucidar se seria definitiva ou provisória. Entrementes, essa dúvida acabou sendo solucionada pelo § 5.º do art. 520: "Ao cumprimento *provisório* de sentença que reconheça *obrigação de fazer, de não fazer* ou de dar coisa aplica-se, no que couber, o disposto neste Capítulo" (destacamos).

Seja como for, a jurisprudência do processo do trabalho tem admitido, de longa data, a execução provisória de determinadas decisões reconhecedoras da exigibilidade de obrigações de fazer ou de não fazer.

Uma das decisões mais características diz respeito à reintegração de empregado estável. Reintegrado provisoriamente, duas situações poderiam advir: o tribunal dar provimento ao recurso (e, neste caso, não teria havido necessidade de reintegrar-se provisoriamente o empregado, pois ele faria jus ao salário e demais vantagens relativos ao período de afastamento — CLT, art. 495), ou o tribunal negar provimento ao recurso, fazendo com que o empregado viesse a ser afastado, em definitivo, do emprego e, talvez, até mesmo obrigado a reparar eventuais danos causados ao empregador — para os que, como nós, admitem a aplicação ao processo do trabalho do art. 520, I, do CPC.

Em todo o caso, pensamos que apenas o fato de o empregado ter direito aos salários do período de afastamento do trabalho já seja — salvo exceções — razão bastante para não se ver *utilidade* (logo, *interesse*) na execução provisória da obrigação de reintegrá-lo.

Considerando a existência de opiniões divergentes da que estamos a manifestar, devemos esclarecer que se o empregador se recusar a reintegrar, em caráter provisório, o empregado, este não poderá invocar, em seu benefício, o art. 496 da CLT, que faculta converter a reintegração em indenização, em virtude da *provisoriedade* daquela; além disso, seria inaplicável ao empregador recalcitrante a penalidade pecuniária prevista no art. 729 da CLT, uma vez que esse dispositivo legal pressupõe, confessadamente, o *trânsito em julgado da decisão* — fenômeno que não teria ainda ocorrido, à evidência, na espécie *sub examen.*

Se a execução provisória dessa espécie de execução, na Justiça do Trabalho, se torna, como dissemos, *desaconselhável* na maior parte dos casos, em outros ela é verdadeiramente *impossível,* como se dá, p. ex., com a de *emitir declaração de vontade* – espécie de obrigação de fazer. É que, nesse tipo de obrigação, a sentença somente ficará dotada de eficácia substitutiva da manifestação volitiva do devedor *após o seu trânsito em julgado*; logo, antes disso não se poderá pretender executar a sentença, ainda que de maneira provisória, em razão do obstáculo legal apontado.

Conforme afirmamos há pouco, a jurisprudência trabalhista passou a admitir a execução provisória de muitas das obrigações de fazer, inclusive, as consistentes na reintegração de empregados detentores de estabilidade provisória no emprego, exceto se o período de estabilidade já havia transcorrido, quando do ingresso em juízo ou mesmo durante a tramitação do processo. Neste caso, aplica-se a Súmula n. 396, I, do TST; ou a Súmula n. 244, II, do mesmo Tribunal, se tratar-se de gestante.

5. Efetivação das tutelas provisórias

O parágrafo único do art. 297, do CPC, declara que a efetivação da tutela provisória observará as normas pertinentes ao cumprimento provisório da sentença, no que couber. A expressão legal: "cumprimento provisório", é própria do processo civil. No processo do trabalho, poder-se-ia imaginar que essa expressão deveria ser entendida como "execução provisória"; ocorre, entretanto, que as tutelas provisórias não se executam, se não, que se *efetivam.*

O art. 520, do CPC, estabelece o regime do cumprimento provisório da setença, a saber: "I — corre por iniciativa e responsabilidade do exequente, que se obriga, se a sentença for reformada, a reparar os danos que o executado haja sofrido; II — fica sem efeito, sobrevindo decisão que modifique ou anule a sentença objeto da execução, restituindo-se as partes ao estado anterior e liquidando-se eventuais prejuízos nos mesmos autos; III — se a sentença objeto de cumprimento provisório for modificada ou anulada apenas em parte, somente nesta ficará sem efeito a execução; IV — o levantamento de depósito em dinheiro e a prática de atos que importem transferência de posse ou alienação de propriedade ou de outro direito real, ou dos quais possa resultar grave dano ao executado, dependem de caução suficiente e idônea, arbitrada de plano pelo juiz e prestada nos próprios autos".

O § 5.º dessa norma legal afirma: "Ao cumprimento provisório de sentença que reconheça obrigação de fazer, de não fazer ou de dar coisa aplica-se, no que couber, o disposto neste Capítulo".

Capítulo XIII

CUMULAÇÃO DE EXECUÇÕES

1. Comentário

Permite o processo civil (art. 780) que o credor — sendo o mesmo o devedor — cumule várias execuções, ainda que fundadas em títulos diferentes, "desde que para todas elas seja competente o mesmo juízo e idêntico o procedimento".

A CLT nada dispõe a respeito da cumulação de execuções; ausente o obstáculo da incompatibilidade, nada impede que se aplique ao processo do trabalho a regra do art. 780, do CPC.

Quando estava a viger o CPC de 1973, escrevemos, em outro livro, sobre o art. 573, daquele Código: "Duas observações sobre o enunciado dessa norma civilista devem ser feitas antes de passarmos ao exame do assunto, propriamente dito. Em primeiro lugar a locução 'títulos diferentes', existente no texto processual civil mencionado, não só está a significar a existência de mais de um título da mesma natureza, como a presença de título de natureza diversa (judicial e extrajudicial). Em segundo, não se trata de identidade de 'forma do processo' e sim de identidade de *procedimento*, que é a expressão material, concreta, do processo". Conforme se nota, o legislador acolheu esta nossa última observação.

A cumulação de execução destina-se, por suposto, a atender ao princípio da economia do juízo (um máximo de atuação do direito com um mínimo de atividade jurisdicional), pois, por meio dela, podem ser reunidas diversas execuções contra um mesmo devedor, evitando, desse modo, que, promovidas separadamente, exigissem uma atuação muito maior dos órgãos jurisdicionais. Não é desarrazoado afirmar, de outra parte, que essa cumulação subjetiva tem em mira acarretar menores prejuízos ao devedor, seja com custas ou emolumentos, ou mesmo com honorários advocatícios, uma vez que pode responder às diversas execuções em um só processo. Admitida como verdadeira essa afirmação, podemos dizer que o art. 780 do CPC se articula, ainda que pela superfície, com o art. 805 do mesmo Código, a teor do qual, "Quando por vários meios o exequente puder promover a execução, o juiz mandará que se faça pelo modo menos gravoso para o executado".

Devemos destacar que a cumulação de execuções constitui *faculdade* do credor — conclusão que se tira da expressão legal "O exequente *pode* cumular (CPC, art. 780; destacamos); isso significa que não há, para o devedor, um direito de exigir a referida cumulação; este nem poderá, aliás, *opor-se* à cumulação empreendida pelo credor, contanto que os requisitos legais tenham sido atendidos.

Observa Alcides de Mendonça Lima que o fato de o legislador, ao redigir o art. 573 do CPC de 1973, haver usado a palavra *credor* no singular não deve ser interpretado à conta de uma sua intenção de impedir o litisconsórcio ativo; o que se proíbe é a *coligação* de credores e não a *pluralidade* destes (obra cit., pág. 212). No processo do trabalho, p. ex., sendo o empregado credor do (ex-)empregador por vários títulos judiciais, poderia promover a execução aglutinada desses títulos, com fulcro no art. 780 do CPC atual. Não se deverá consentir, todavia, que *vários credores*, portando diferentes títulos, se unam, se consorciem, para efeito de realizar uma só execução contra o devedor comum.

Pensamos ser possível, até mesmo, à luz da norma processual civil invocada, a formação de litisconsórcio *passivo*, desde que a execução derive de uma *só dívida*. Digamos, *v. g.*, que determinado empregado tenha ajuizado ação para receber de seu empregador, pessoa física, certas quantias e, proferida a sentença condenatória, este viesse a falecer; nada obsta, na hipótese, a que o credor promova a execução contra os herdeiros do devedor, sendo oportuno lembrar que estes se encontram legalmente legitimados para figurar no polo passivo da relação processual executiva (CPC, art. 779, II). No exemplo citado, o credor *teria* mesmo de dirigir a execução aos herdeiros.

Quando a lei fala em identidade de *procedimentos* está a advertir que não podem ser cumuladas execuções de natureza e de procedimentos diversos, pois isso provocaria, na prática, graves tumultos, dada a dificuldade ou a impossibilidade de serem harmonizados os respectivos ritos. Considerando, porém, a preponderante uniformidade do procedimento trabalhista e a tendência de a ele fazer-se adaptar os procedimentos traçados pelo processo civil, parece-nos que não deve ser interpretado segundo a rigidez de sua letra o art. 780 do CPC. O cotidiano dos foros trabalhistas tem demonstrado, amiúde, ser perfeitamente possível promover-se a execução simultânea, no mesmo processo, de obrigações díspares, como ocorre quando se exige do devedor o adimplemento de obrigação de pagar quantia certa e também de fazer (reintegrar empregado estável, anotar o contrato de trabalho na CTPS etc.). Dessa forma, somente deverá ser recusada a cumulação de execuções que tenham por objeto obrigações de natureza distinta quando isso puder trazer consequências tumultuárias ao procedimento trabalhista. Nesse caso, deve ser mantida a especificidade procedimental das execuções, que decorre da própria natureza das obrigações que se deseja ver satisfeitas.

A Lei n. 6.830/80 permite que o juiz, a requerimento das partes e atendendo à conveniência da unidade da garantia da execução, ordene a *reunião* de autos processuais sempre que o devedor for o mesmo (art. 28). Determinada essa reunião, os feitos serão redistribuídos ao juízo a quem coube a primeira distribuição (*ibidem*).

A situação, aqui, não coincide com a do art. 780, do CPC. O que a Lei n. 6.830/80 prevê é a possibilidade de serem *reunidos* autos distintos, de execuções promovidas contra um mesmo devedor (em nome da conveniência do garantimento da satisfação do crédito), hipótese em que as execuções serão *redistribuídas* ao juízo a quem coube a primeira delas. O art. 28 da Lei n. 6.830, como se vê, contém uma implícita referência aos arts. 55 e 56 do CPC, que cuidam da conexão e da prevenção, respectivamente.

A reunião de autos, segundo a Lei n. 6.830/80, apenas poderá ser feita mediante requerimento de qualquer dos litigantes; as particularidades do processo do trabalho, e a iniciativa que se atribui ao juiz que o dirige, autorizam a afirmar que tal reunião poderá ser aqui determinada *ex officio*, sendo bastante que o juiz esteja convencido da conveniência ou da necessidade dessa medida. Essa junção de autos poderá ser também feita em relação a execuções que se processam perante o *mesmo juízo*, caso em que incidirá não o art. 56 do CPC, e sim o 55 do mesmo diploma processual.

Vamos ao didatismo dos exemplos. Se o empregado for portador de dois ou mais títulos judiciais trabalhistas:

a) poderá promover, em um só processo, a execução de todos os títulos, observados os pressupostos do art. 780 do CPC;

b) se houver promovido separadamente as execuções, poderá requerer ao juiz que ordene a reunião dos respectivos autos, com fundamento no art. 28 da Lei n. 6.830/80, embora essa reunião possa ser igualmente solicitada pelo devedor, ou ordenada pelo juiz.

Impende reiterar que nem o art. 780 do CPC nem o art. 28 da Lei n. 6.830/80 autorizam a "coligação" de credores (logo, são diversos), com a finalidade de se valerem das disposições constantes das sobreditas normas legais. De igual modo, não é lícito a um só credor promover a execução contra diversos devedores, em um só processo, ou em autos que deseja ver reunidos, excetuada a hipótese — por nós suscitada há instantes — de a dívida ser única (ou unitária), assim entendida a que se caracterizar por uma *unidade jurídica*.

Enfim, a cumulação de execuções (CPC, art. 780) e a reunião de autos de execuções (Lei n. 6.830/80, art. 28) podem ser acolhidas, sem maiores dificuldades práticas, pelo processo do trabalho, pois é imperativo reconhecer que atendem ao interesse de todos os sujeitos do processo: a) ao credor, pela possibilidade de satisfação, a um só tempo, dos seus vários créditos; b) ao devedor, que suportará, de modo menos gravoso, as consequências dos atos executivos; c) ao Judiciário, em virtude da sensível economia de atos jurisdicionais a serem praticados.

Capítulo XIV

EXECUÇÃO DE OBRIGAÇÕES ALTERNATIVAS

1. Comentário

Não se encontra na CLT nenhuma disposição pertinente à execução das denominadas *obrigações alternativas*; essa omissão justifica, segundo entendemos, a incidência supletiva, neste processo especializado, da regra estampada no art. 800 do CPC, pois ausente o óbice da incompatibilidade (CLT, art. 769). Dispõe a precitada norma processual civil que "Nas obrigações alternativas, quando a escolha couber ao devedor, este será citado para exercer a opção e realizar a prestação dentro de 10 (dez) dias, se outro prazo não lhe foi determinado em lei ou em contrato".

O correto entendimento do conteúdo do art. 800 do CPC reclama algumas considerações de índole doutrinária acerca dessa modalidade de obrigação.

Basicamente, as obrigações em geral podem ser dotadas de um ou mais objetos, que se revelam sob a forma de *prestações* a serem realizadas pelo devedor. Possuindo a obrigação apenas um objeto, dizemos que ela é *simples*; se contiver mais de um, estaremos diante de obrigação *complexa*. Estas, por sua vez, se subdividem em três classes:

a) *conjuntivas*, quando o cumprimento da obrigação se concretiza pela entrega da totalidade das prestações em relação às quais o devedor se obrigou. Essa entrega poderá ser efetuada de maneira simultânea ou sucessiva, segundo tenha sido avençado pelas partes; a sua divisibilidade somente será possível caso tenha sido prevista pelos interessados, mediante avença nesse sentido (CC, art. 314). Verificamos, conseguintemente, que nas obrigações *conjuntivas* a quantidade de obrigações, distintas entre si, está na razão direta do número de prestações devidas, desde que especificadas;

b) *alternativas*, que se caracterizam pela presença de diversas prestações, conquanto o cumprimento de uma delas — ou de um grupo delas — já libere o devedor da obrigação assumida. Daí vem que, embora haja uma diversidade de prestações, a realização de uma delas apenas (quando este for o caso) basta para eximir o devedor não só desta como de qualquer outra obrigação integrante do leque de alternatividade;

c) *facultativas*, que, na observação de Alcides de Mendonça Lima, "não mereceram do Código Civil Brasileiro tratamento especial" (obra cit., pág. 185), nada obstante se possa assegurar que, nesta hipótese, se faculte ao devedor liberar-se da obrigação — que é uma só — por mais de um modo (*una res est in obligatione, plures in facultate solutionis*

Atendem ao interesse deste Capítulo, contudo, as obrigações *alternativas*, pois é sobre elas que versa o art. 800, *caput*, do CPC. Essa modalidade obrigacional está disciplinada, no campo do direito material, pelos arts. 252 a 256 do CC.

O art. 325, *caput*, do CPC, declara que o pedido será *alternativo* quando, pela natureza da obrigação, o devedor puder cumprir a prestação *por mais de um modo*; se, todavia, por força de norma legal ou disposição contratual a escolha couber ao devedor, deverá o juiz assegurar-lhe o direito de satisfazer a prestação de um ou de outro modo, mesmo que o autor não tenha formulado pedido alternativo (parágrafo único).

Moniz de Aragão, em parecer que adotamos, anota que "o conceito de pedido alternativo é mais compreensivo do que o de obrigação alternativa. Este tem contornos bem mais restritos, distinguindo-se, por exemplo, das obrigações chamadas facultativas. Mas o pedido alternativo a umas e outras abrange, assim como a quantas mais se apresentarem, em que a prestação possa ser cumprida de mais de um modo" ("Comentários ao Código de Processo Civil", 2.ª ed., Rio: Forense, vol. II, pág. 406).

Cabe-nos advertir para que não se confunda *pedido alternativo* (no singular) com *pedidos alternativos* (no plural). Aquele, como afirmamos, está previsto pelo art. 325 do CPC, ao passo que estes se encontram regulados pelos arts. 326 e 327 do mesmo Código, sob a forma de pedidos *sucessivos* e pedidos *acumulados*, respectivamente.

Vimos que as obrigações alternativas são aquelas que, embora se configurem por uma pluralidade de prestações, suficiente será que o devedor cumpra apenas uma delas para que fique desobrigado das demais — ou, como queiram, da obrigação considerada em seu aspecto global.

A quem caberá, contudo, o direito da escolha quanto à prestação a ser realizada? A resposta está no art. 252 do CC: ao devedor, direito que foi respeitado pelos arts. 325, parágrafo único, e 800, *caput*, do CPC. O princípio legal, portanto, é de que a escolha da prestação incumbe justamente àquele que está obrigado a satisfazê-la, ou seja, o devedor. Esse direito somente se transferirá ao credor se houver ajuste das partes quanto a isso ("se outra coisa não se estipulou", esclarece a parte final do art. 252 do CC).

Em termos práticos, tratando-se de obrigações alternativas, em que a escolha caiba ao devedor, este será citado para exercer esse direito e realizar a correspondente prestação, no prazo de dez dias, desde que outro prazo não tenha sido estabelecido em lei ou em contrato (CPC, art. 800, *caput*). A citação do devedor, neste caso, será, a um só tempo, para escolher a modalidade de obrigação e cumpri-la, porquanto se fosse apenas para exercer a opção haveria necessidade de ser outra vez citado para o cumprimento (Pontes de Miranda, obra cit., pág. 121). Tal escolha, no processo do trabalho, poderia ser manifestada de maneira oral, mediante termo nos autos, ou por petição letrada.

Ocorrendo de o devedor, apesar de regularmente citado, deixar de exercer o seu direito de escolha no prazo assinado, a opção será devolvida ao credor (CPC, art. 800, § 1.º), supondo-se que, na espécie, o devedor renunciou ao *ius eligendi* concedido por lei. Entendemos que, diante disso, não poderá o devedor impugnar a escolha que vier a ser efetuada pelo credor, na medida em que o seu silêncio, após a citação, implicou a preclusão temporal do seu direito de pronunciar-se a respeito de qual das espécies de obrigação pretendia satisfazer. A não ser assim, inexistiria motivo lógico para devolver-se a opção ao credor.

Se a escolha couber, inicialmente, ao credor, em decorrência de estipulação feita pelas partes, este deverá manifestá-la já no início da execução (CPC, art. 800, § 2.º). Julgamos que, se o credor não realizar a sua opção na peça inicial executória — ou, de qualquer modo, no início da execução —, esse fato deverá ser interpretado como renúncia tácita ao direito de escolha; esta, via de consequência, será transferida ao devedor, até porque a ele cabe a opção, por princípio legal, como pudemos destacar anteriormente.

Apoiados em Amílcar de Castro, poderíamos estabelecer a seguinte sistematização das atitudes do devedor em face da citação para exercitar o direito de escolha e o cumprimento da obrigação correspondente: a) opta por uma delas, cumprindo-a; b) escolhe-a, mas não a satisfaz; c) não a escolhe, nem a cumpre; d) alega ser a escolha impossível ("Comentários ao CPC", 2.ª ed., São Paulo: Rev. Trib., 1976, pág. 22).

Na hipótese (a), o escopo do art. 800 do CPC estaria plenamente atingido, pois o devedor, ao escolher a obrigação e cumpri-la, daria causa à extinção da execução, como prevê o art. 924, II, do CPC, uma vez que as demais obrigações, componentes do elenco de alternatividades, tornar-se-iam, automaticamente, inexigíveis (= extintas); em (b), o inadimplemento, pelo devedor, da obrigação eleita permitiria ao credor executá-la, sem, contudo, decidir-se por uma outra; em (c), o silêncio do devedor quanto à escolha da obrigação devolveria ao credor a livre opção por qualquer delas, como está expresso no § 1.º, do art. 800, do CPC; idêntica devolução ao credor se daria se a manifestação eletiva do devedor viesse a ser feita quando já exaurido o prazo que, em seu benefício, havia sido estabelecido por lei, pelo contrato ou pela sentença; por fim, em (d) a impossibilidade na escolha da obrigação a ser cumprida derivaria de fatores heterogêneos, como, *v. g.*, de uma das alternativas não poder ser objeto de obrigação; de se haver tornado inexequível e o mais. Nos casos mencionados nesta última letra, o débito subsistiria relativamente à(s) outra(s) obrigação(ões), que, por isso, deveria(m) ser satisfeita(s), *ex vi* do art. 253 do CC.

Se, em virtude de culpa do devedor, nenhuma das obrigações alternativas puder ser cumprida — e a escolha não competir ao credor —, aquele ficará obrigado a pagar a este o valor da que por último se impossibilitou, mais as perdas e danos, quando for o caso (CC, art. 254); por outro lado, se a opção couber ao credor e uma das prestações se tornar impossível por culpa do devedor, o primeiro terá direito de exigir do segundo a prestação remanescente ou o valor da outra, acumulada com perdas e danos (CC, art. 255). Ocorrendo de todas as obrigações se tornarem inexequíveis, por culpa do devedor, poderá o credor pedir o valor correspondente a qualquer delas, sem prejuízo da indenização por perdas e danos (CC, art. 255).

Caso, finalmente, a totalidade das obrigações torne-se inexequível, sem culpa do devedor, ficará extinta a obrigação (CC, art. 256).

Como exemplo de obrigação alternativa, no direito processual do trabalho, que comporta a aplicação do disposto no art. 800 do CPC, podemos indicar a que — contida em sentença ou em acordo judicial — tornasse sem efeito a transferência do empregado para localidade diversa da prevista no contrato, *ou*, se efetivada a transferência, condenasse o empregador ao pagamento do adicional de 25% instituído pelo § 3º, do art. 469, da CLT. É palmar que, na elaboração desse exemplo, estamos a pressupor que o empregado tenha formulado *pedido alternativo*, nesse sentido, como lhe faculta a lei (CPC, art. 325). Decorrido o prazo, sem que o devedor cumprisse quaisquer das obrigações, caberia ao credor promover-lhe a citação a fim de que, no prazo legal, exercitasse o seu direito de escolha (não transferir o empregado, ou, transferindo-o, pagar-lhe o pertinente adicional) e cumprisse a obrigação eleita.

Ressalvamos, há pouco, a circunstância de estarmos pressupondo que o empregado havia formulado *pedido alternativo*, pois sabemos que a lei proíbe o juiz de proferir sentença condenatória do réu em objeto (entenda-se: prestação) diverso do que lhe foi demandado (CPC, art. 492). Desobedecendo a esse veto legal, a sentença se tornaria vulnerável, passível de anulação, pelo tribunal, pois ferreteada pela eiva de ser *extra petita*. Inexistiria, entretanto, causa de nulificação se o juiz convertesse o pedido de reintegração, formulado por empregado estável, em indenização dúplice, pois esse ato entra em seu livre arbítrio, conforme torna evidente o art. 496 da CLT.

A propósito, não vemos como se possa indicar — sem ofensa à lei — a título de exemplo de *obrigação alternativa* a consistente em: a) reintegrar o empregado garantido pela estabilidade, ou b) pagar-lhe a indenização, em dobro, do tempo de serviço. Aparentemente, o exemplo trazido à baila estaria correto, diante do disjuntivo *ou*, que estaria a sugerir — a tipificar — a ideia de alternatividade. Dá-se, porém, que, se o empregado estável foi demitido, sem que a falta grave imputada tivesse sido objeto de ação ("inquérito", diz, muito mal, o art. 494 da CLT) específica, ajuizada pelo empregador, o único pedido que, em razão disso, lhe seria lícito formular consistiria no de ser *reintegrado no emprego*, que surge, aliás, como a manifestação jurídica mais expressiva do instituto da estabilidade no emprego. Estamos afirmando, com isso, que em situações que tais o empregado não pode postular (exclusiva ou alternativamente) o pagamento de indenização, porquanto somente o juízo pode, em virtude da "incompatibilidade resultante do dissídio", converter a reintegração em indenização.

Dessa forma, há um obstáculo legal intransponível à possibilidade de transferir-se ao devedor a escolha quanto à espécie de obrigação que deseja cumprir, motivo por que seria merecedora de ataque objurgatório a sentença que houvesse reservado a ele essa opção. Ainda no exemplo em pauta, nem mesmo por força de transação judicial se poderia atribuir ao devedor o direito de escolha, no que toca a cumprir esta ou aquela obrigação, pelo fato relevante — já realçado — de que a convolação do ato de reintegrar o empregado para o de indenizá-lo figura como *faculdade* (e prerrogativa) exclusiva do órgão jurisdicional, não podendo, por isso, ser produto de manifestação volitiva das partes.

De modo geral, podemos dizer que as obrigações alternativas podem ser objeto de estipulação pelas partes, exceto naquilo em que contravierem as normas de ordem pública, postas à disposição do caráter protetivo dos direitos subjetivos dos trabalhadores.

Um outro exemplo: um empregado, que está em vias de trabalhar em ambiente insalubre, pede que o empregador seja condenado a: a) fornecer-lhe equipamentos de proteção individual, capazes de neutralizar ou de eliminar, completamente, os agentes nocivos à sua saúde; *ou* b) pagar-lhe o adicional correspondente ao grau de insalubridade que for apurado mediante exame pericial. Transitando em julgado a sentença que acolheu esse pedido alternativo, o empregador (devedor) será citado para, no prazo que lhe for fixado, exercer o seu direito de escolha e cumprir a obrigação pela qual optou. Reconhecemos, é verdade, que na prática o empregado, em situações como a aventada, prefere formular apenas o pedido de condenação do empregador ao pagamento do adicional a que entende fazer jus, pois isso convém aos seus interesses de transformar em "vantagem" pecuniária todas as transgressões que a parte contrária perpetra à lei.

Não nos alonguemos no exemplário; o que importa ficar gravado é o preceito legal de que o pedido poderá ser *alternativo* sempre que, pela *natureza* da *obrigação*, o devedor puder cumprir a prestação por mais de uma forma (CPC, art. 325, *caput*).

Não se poderá pensar em alternatividade, entretanto, quando um dos modos pelos quais o devedor pretende realizar a prestação for contrário à lei; fugir à competência do juízo; ser impossível, em razão de certos fatos comprovados etc.

Capítulo XV

EXECUÇÃO SUJEITA À CONDIÇÃO OU TERMO

1. Comentário

A sentença, como instrumento de entrega da prestação jurisdicional, deve ser sempre certa, mesmo quando decida relação jurídica condicional (CPC, art. 492, parágrafo único); já não há lugar, portanto, nos modernos sistemas processuais, para as antigas "sentenças condicionais", que, *e. g.*, condenavam o réu a satisfazer determinada obrigação, *caso* viesse a ocorrer, no futuro, certo fato.

A exigência legal de que a sentença seja *certa* não impede, contudo, que ela resolva relação jurídica condicional; essa possibilidade, como vimos, está expressamente prevista no parágrafo único do art. 492, do CPC.

Particularidade a ser destacada, nesse assunto, diz respeito à regra legal de que, se a sentença decidir relação jurídica sujeita a *condição* ou a *termo*, o credor não poderá executá-la sem produzir antes prova de que a condição foi realizada ou de que o termo adveio (CPC, art. 514). Trata-se, conforme está claro, de típica execução *diferida*, porquanto se encontra subordinada a *condição* ou a *termo*.

O conceito de *condição* está no art. 121 do CC: é "a cláusula que, derivando exclusivamente da vontade das partes, subordina o efeito do ato jurídico a evento futuro e incerto", de tal maneira que, se a eficácia do ato foi subordinado a condição *suspensiva*, enquanto esta não ocorrer o indivíduo não terá adquirido o direito a que visa (CC, art. 125). Pensamos que a *condição* a que alude o art. 514 do CPC seja unicamente a suspensiva, pois a resolutiva, por força de regra legal, enquanto não realizada permite que o ato jurídico produza os efeitos que lhe são inerentes, podendo-se, em consequência — desde o instante em que é praticado —, exercer-se o direito nele previsto, até que advenha a condição, por isso mesmo dita resolutiva (CC, arts. 127 e 128).

Já o *termo* corresponde à "modalidade temporal que pode acompanhar a obrigação, estabelecendo o momento em que há de cessar a produção de seus efeitos", no magistério de Caio Mário (*Apud* Alcides de Mendonça Lima, obra cit., pág. 206).

Termo e condição possuem um ponto comum: um fato que ainda irá acontecer; a distinção, contudo, reside em que, enquanto no termo esse fato é *certo*, na condição é *incerto*. O termo pode ser inicial — e nesse caso traduz a própria condição suspensiva — ou final, "vinculando-se à condição resolutiva", como assinala Alcides de Mendonça Lima (obra cit., pág. 206).

Se a sentença trabalhista decidir relação jurídica sujeita a condição suspensiva ou a termo, o seu trânsito em julgado não autorizará o credor a promover a consequente execução; para isso, é necessário que ele prove, antes, haver realizado a condição ou o advento do termo.

No processo do trabalho, a *condição* de que fala o art. 514 do CPC não precisa estar, necessariamente, contida apenas em sentença (condenatória), podendo ter como sede, também, o acordo (transação) celebrado em juízo, pois este constitui uma das duas únicas modalidades de títulos executivos trabalhistas. Pelo que nos cabe relatar, como experiência pessoal, participamos, como magistrado, de algumas homologações dessa espécie de transação, realizadas em primeiro grau de jurisdição. Em uma delas, o empregador se obrigara a pagar certa quantia ao empregado, desde que este desocupasse, até a data fixada, o imóvel em que vinha residindo e que pertencia àquele. Pois bem. Sobrevindo o termo — que valia, por igual, para o pagamento da dívida assumida pelo empregador, e sem que este satisfizesse a obrigação —, o empregado promoveu a correspondente execução, descuidando-se, entretanto, de produzir prova no sentido de desocupado o imóvel de propriedade do devedor, conforme ficara ajustado na transação; este, com habilidade, alegou o fato, argumentando com a *inexequibilidade do título* (CPC, arts. 525, § 1.º, III e 917, § 2.º, V,), tendo a sentença acolhido os embargos por ele oferecidos.

Caso se tratasse de *condição* (suspensiva) embutida na sentença condenatória, o credor que não fizesse prova de que ela se verificou (CPC, art. 798, I, "c") renderia ensejo a que o devedor denunciasse o *excesso de execução*, na forma prevista pelos arts. 525, § 1.º, III ou 917, § 2.º, V, do diploma processual civil.

Semelhante declaração de nulidade seria feita, insta observar, na hipótese de não haver ocorrido o *termo*, como se deu no exemplo, há pouco mencionado, do empregado que se obrigara a desocupar o imóvel pertencente ao empregador.

Os exemplos, enfim, pertinentes ao assunto em exame são múltiplos e variarão caso a caso; o que nos parece significativo deixar vincado é o fato de que, se a relação jurídica estabelecida entre as partes depender, para a sua eficácia, de condição ou termo, o credor não poderá dar início à execução da sentença ou do acordo sem provar, previamente, que a condição se realizou ou que o termo adveio. A prova quanto a isso poderá ser feita por todos os meios especificados em lei, ou de qualquer modo moralmente legítimo (CF, art. 5.º, LVI; CPC, art. 369), cujos meios deverão ser adequados à natureza do fato probando.

Como a prova há de ser produzida antes que a execução seja deflagrada, é elementar que, tanto quanto for possível, o meio a ser utilizado seja o *documental*, pois a designação de audiência, destinada à produção de provas orais, assim como a realização de exame pericial, retardam, sobremaneira, o início do processo executivo.

De qualquer forma, a prudência alvitra que o credor obtenha do devedor um documento comprovativo (quando este for o caso) de que a condição ou o termo se realizou, com o que o estará inibindo de, na oportunidade dos embargos, alegar excesso de execução pelo fato de o credor não haver satisfeito a obrigação que lhe correspondia (CPC, arts. 787 e 917, § 2.º, IV), com virtual declaração de nulidade da execução promovida.

Capítulo XVI

EXECUÇÃO E PRESTAÇÕES SUCESSIVAS

1. Comentário

No geral, a obrigação, a cargo do devedor, é satisfeita mediante uma única prestação; em certos casos, contudo, a obrigação se desdobra em prestações sucessivas, que devem ser realizadas periodicamente.

A CLT dedicou um Capítulo (V) especialmente à matéria, no qual distinguiu as prestações sucessivas: a) por tempo determinado; b) por tempo indeterminado. No primeiro caso, a execução pelo inadimplemento de uma prestação compreenderá, também, as que lhe sucederem (art. 891); no segundo, a execução abrangerá, a princípio, as prestações devidas até a data do ingresso na execução (art. 892).

A regra é, sem dúvida, de grande utilidade prática, e acima de tudo condizente com os princípios da celeridade e da simplicidade, que informam o procedimento trabalhista, pois dispensa o credor de promover uma execução para cada prestação não efetuada.

As prestações por tempo *determinado* são muito frequentes nas transações feitas em juízo (na audiência, ou por petição), pelas quais o réu se obriga a pagar ao autor determinada quantia, fracionada em diversas parcelas, com datas certas para o vencimento. Admitamos que a obrigação correspondesse a R$ 1.000,00, a ser satisfeita em cinco parcelas mensais de R$ 200,00; vencida a primeira sem que o réu (devedor) a satisfaça, vencidas estarão, de maneira automática, as demais, ou seja, as "que lhe sucedessem", para utilizarmos a expressão legal (CLT, art. 891).

Sendo assim, a execução que viesse a ser promovida abarcaria, de uma só vez, as cinco prestações, inclusive a *cláusula penal* (CC, arts. 408 a 416), que em negócios jurídicos bilaterais dessa natureza soem as partes estipular.

Com *de maneira automática* queremos dizer que o vencimento das prestações subsequentes à inadimplida ocorreria independentemente de requerimento do credor, ou de declaração judicial, porquanto isso emana de previsão legal (CLT, art. 891).

De igual modo, são comuns no processo do trabalho as prestações sucessivas por prazo *indeterminado* (melhor seria: *sem prazo*), como se dá, p. ex., quando a sentença exequenda houver determinado o pagamento de diferenças salariais (estando ainda a viger o contrato de trabalho do credor), que, por isso, serão devidas "até a data do ingresso na execução", como afirma o art. 892 da CLT. A locução legal "até a data do início da execução" é, a nosso ver, carente de melhor técnica jurídica, devendo, assim, ser entendida como *até o momento em que a execução é promovida.*

Dessa forma, na hipótese de que estamos a cogitar, seriam objeto de execução todas as prestações (diferenças salariais) vencidas até o instante em que a execução tivesse início, ainda que ulteriores à prolação da sentença exequenda — salvo, é certo, se houver cessado a causa original (o devedor, logo depois do proferimento da sentença condenatória, da qual não interpôs recurso, passou a pagar corretamente os salários).

Dissentimos, por esse motivo, do ilustre Russomano, quando assevera que, "Se as prestações forem por tempo *indeterminado*, por não se conhecer, previamente, seu valor total, como no caso de pagamento de diferenças salariais, *não se aplica a regra do art. 892*" ("Comentários à CLT", 9.ª ed., Rio: Forense, 1982, pág. 970). O festejado jurista alude ao CPC de 1939), daí por que, segundo ele, "a execução atinge apenas as prestações vencidas. Encerrada esta, far-se-á nova execução para cobrança das prestações que venham a vencer" (*idem, ibidem). Data venia*, a expressão legal "devidas até a data do ingresso na execução" — com o reparo técnico que acabamos de sugerir — permite-nos concluir (para não dizer que deixa evidenciado) que estarão compreendidas na execução *também* as parcelas que se vencerem no ínterim que vai da prolação da sentença exequenda ao momento em que a execução é promovida, desde que, como dissemos: a) o contrato de trabalho ainda estivesse em vigor; e b) subsistisse a causa determinante da obrigação (pagamento dos salários em valor inferior ao devido).

O próprio CPC contém disposição análoga, a teor da qual, "Na ação que tiver por objeto cumprimento de obrigação em prestações sucessivas, essas serão consideradas incluídas no pedido, independentemente de declaração expressa do autor, e serão incluídas na condenação, enquanto durar a obrigação, se o devedor, no curso do processo, deixar de pagá-las ou de consigná-las" art. 323; realçamos). A referência a "enquanto durar a obrigação" parece ter sido trasladada do Código de Processo Civil português, no qual literalmente estava inserida. Comentando o art. 290 do CPC brasileiro de 1973 (reproduzido, em sua essência, pelo art. 323 do CPC de 2015) Calmon de Passos pôde afirmar, com inegável exatidão jurídica, que, "em Portugal, como entre nós, no regime anterior (obra cit., pág. 262) dúvida não se pôs quanto à abrangência, pela sentença, tanto das prestações vencidas até sua prolação *como das que se vencessem posteriormente a ela, enquanto perdurando o negócio jurídico de que elas decorrem"* (*idem*, *ibidem),* para arrematar, com igual propriedade, que *"deve ser este o entendimento em relação ao art. 290" (ibidem).*

Ao versar sobre ação de consignação em pagamento, o legislador, a propósito, para não desrespeitar o traço característico das prestações periódicas (ou sucessivas), inscreveu, no art. 541 do diploma processual civil, preceito segundo o qual, "Tratando-se de prestações sucessivas, consignada uma delas, pode o devedor continuar a depositar, no mesmo processo e sem mais formalidades, as que se forem vencendo, desde que o faça em até 5 (cinco) dias contados da data do respectivo vencimento".

Ora, se o próprio processo civil consagra o princípio (salutar) de que as prestações periódicas (sucessivas, vincendas) são devidas enquanto perdurar a obrigação de que decorrem, e, em consequência, podem ser incluídas na execução, contanto que subsistente o negócio jurídico (ou ato jurídico, como é o contrato individual de trabalho), por mais forte razão assim se deve entender no processo do trabalho, até porque, conforme procuramos demonstrar, esta é a perfeita inteligência do art. 892 da CLT.

Nesse processo especializado calham, por isso, como a mão à luva, as lusitanas palavras de José Alberto dos Reis de que a condenação para o futuro (vale dizer, aquela que compreende prestações ainda não vencidas, mas que se vencerão com certeza) reúne duas vantagens fundamentais: a) poupar o credor das despesas, incômodos e trabalhos que, invariavelmente, teria se lhe fosse exigido promover nova execução para ver satisfeitas as obrigações (prestações) que se vencerem posteriormente à sentença exequenda; b) dotá-lo de uma sentença com *trato sucessivo,* isto é, de um título executivo que poderá ser exigido se o devedor deixar de realizar, no futuro, quaisquer das prestações nele previstas ("Comentários ao Código de Processo Civil", Coimbra: Ed. Coimbra, 1953, vol. III, págs. 188/189).

Pires Chaves, baseando-se no art. 153, § 2.º, do CPC, de 1939, embora admitisse a possibilidade de a condenação abranger as prestações vencidas e as vincendas, enquanto perdurasse a obrigação de que provinham, pensava que as vincendas deviam estar "expressamente pedidas na inicial" ("Da Execução Trabalhista", 2.ª ed., Rio: Forense, 1964, pág. 39).

Hoje, no entanto, já não se exige pedido expresso, como revela, em linguagem inequívoca, o art. 323 do CPC (primeira parte): "Na ação que tiver por objeto cumprimento de obrigação em prestações sucessivas, *essas serão consideradas incluídas no pedido,* independentemente de declaração expressa do autor, e serão incluídas na condenação, enquanto durar a obrigação, se o devedor, no curso do processo, deixar de pagá-las ou de consigná-las" (destacamos).

Encontramo-nos, uma vez mais, diante de uma norma processual civil que se amolda, com perfeição, às singularidades do processo do trabalho, sendo mesmo de alvitrarmos que, *de lege ferenda,* a este seja incorporada, sem hesitação;

ainda que se venha a tornar obrigatória a presença de advogado, nesse processo especializado, isto não representaria razão jurídica para ser anatematizada a sugestão que ora formulamos. Afinal, no processo civil, no qual tem sede a regra inspiradora, a atuação do advogado é compulsória (art. 103), nada obstante aí se considerarem as prestações periódicas embutidas no pedido do autor.

Opinando sobre a execução por prestações sucessivas, todavia, o douto Arnaldo Lopes Süssekind imaginou que essa modalidade de execução "só pode ser aceita quando o executado estiver em condições de poder cumprir desde logo o julgado ou o acordo" ("Manual da Justiça do Trabalho", *apud* Russomano, obra cit., págs. 969/970), parecendo ao eminente jurista que a intenção do legislador, ao instituir essa espécie de execução, "foi a de proteger apenas o empregador economicamente fraco, para o qual o pagamento imediato de grandes quantias poderá acarretar a falência" (*idem, ibidem),* concluindo que, "assim sendo, cabe ao juiz, ou presidente do tribunal, verificar, em cada caso concreto, se se justifica a execução por prestações sucessivas" (*ibidem*).

Sem que nos impulsione qualquer vocação à heterodoxia, somos levados a discrepar desse ponto de vista. É de questionar-se, antes de mais nada, se a amplitude de poderes que a lei (CLT, art. 765) outorga ao juiz, na qualidade de reitor do processo, chegaria ao extremo de, afrontando a própria coisa julgada material, fragmentar, em várias parcelas, a obrigação pecuniária imposta pela sentença ao devedor, em nome de uma (presuntiva ou comprovada) dificuldade financeira ou econômica deste, no que respeita a solver essa obrigação mediante uma só prestação. Até onde sabemos, esse parcelamento só será legítimo se com ele *concordar* o credor, de maneira expressa, sendo, pois, defeso ao juiz substituí-lo, a que pretexto seja, nesse ato de manifestação de vontade; a autonomia da expressão volitiva do credor não se escraviza à inquisitoriedade que, em muitas partes, assinala o processo do trabalho.

Qualquer decisão do juiz no sentido de decompor, sem a anuência do credor, em diversas prestações, a obrigação afeta ao devedor (contida, *unitariamente,* no título executivo) ensejará a que o primeiro impugne o ato jurisdicional mediante agravo de petição (CLT, art. 897, "*a*").

Não poderíamos fechar este capítulo sem deitar alguns escólios — conquanto breves — a respeito do cumprimento das obrigações assumidas por força de transação efetuada em juízo.

Embora pudéssemos argumentar com a obrigação de prestação única, fiquemos com a que se caracteriza por prestações periódicas (sucessivas). Realizada a transação, em audiência, costuma-se fixar dia, hora e local para o cumprimento de cada prestação (além de estipular-se cláusula penal). Em muitos desses casos, o devedor comparece, no dia designado, ao local em que a prestação deve ser realizada, com algum tempo de atraso (minutos, horas), em relação ao horário que havia sido fixado. Como o credor já lá não se encontra, o devedor efetua o depósito da quantia devida (digamos, mediante guia própria, fornecida pela secretaria da Vara). Mais tarde, o credor retorna a juízo e pede a execução não apenas da parcela vencida, como das vincendas (mais a cláusula penal), alegando que a obrigação não foi cumprida *no horário estabelecido*. Há reação do devedor e se estabelece sobre isso acirrada disputa, que ao magistrado caberá decidir. Qual deveria ser, na hipótese, a melhor solução a adotar-se?

Em que pese ao aparente rigor excessivo que a resposta encerra, pensamos que a razão *jurídica* esteja com o credor. Sem embargo, não podemos nos esquecer de que o *horário* constitui uma das *condições* segundo as quais a obrigação deveria ser satisfeita; a não ser desse modo, inexistiria motivo lógico (e jurídico) para estabelecer-se determinado horário: bastaria que os termos da transação se referissem, apenas, ao dia e ao local (além, como é óbvio, ao valor e à cláusula penal). Não pretendemos sustentar que a prestação deva ser efetuada *exatamente no horário* previsto, e sim que o seja *até esse horário*. Demais, eventual opinião divergente da nossa faria com que o credor ficasse submetido, não raro, a uma longa espera (nos balcões ou corredores da Vara), além da hora avençada, na esperança de que o devedor, *em algum momento*, comparecesse para satisfazer a obrigação. Segue-se, pois, que o credor não está obrigado a aguardar o devedor quando já excedido o horário que ajustaram para que este efetuasse a prestação; caber-lhe-á, isto sim, requerer a execução da prestação vencida e de todas as outras "que lhe sucederem", como permite o art. 891 da CLT, sem prejuízo da cláusula penal que, acaso, tenha sido estipulada.

Dessas consequências somente poderá eximir-se o devedor se provar que razões ponderosas, e legitimamente invocáveis, não lhe permitiram realizar a prestação na hora a que se obrigara a fazê-lo.

Por todo o exposto, é recomendável que o credor solicite à secretaria do juízo que certifique nos autos até que horário permaneceu (infrutiferamente) à espera do devedor, a fim de evitar que este venha a alegar que respeitou o horário estabelecido; é aconselhável, aliás, que o próprio devedor (em alguns casos) requeira tal certificação nos autos quando cumprir a obrigação no horário correto.